D1728511

Häretische Gedanken eines langjährigen Skilehrers

Milan Maver

Wie der Carvingski die Welt veränderte

3

Reihe **Freizeit- und Gesundheitssport**
von SPORTS, Verband für Freizeit- und Gesundheitssport, Berufsverband
für Sport- und Skilehrer e.V.

Herausgegeben von Walter Kuchler

Band 16

Milan Maver
Wie der Carvingski die Welt veränderte

Erste Auflage, Werne 2000

Fotos: Dieter Menne, Milan Maver und Fotoarchiv Elan
Layout: Milan Maver
Zeichnungen: Milan Maver
Druck: Knjigoveznica Radovljica

Veröffentlichung:
Verlagsagentur CAPsys
Bernhard Kuchler
Langernstr. 75
59368 Werne
FAX 02389/537027

ISBN 3-932524-15-2

Beim Schreiben dieses Buches dachte ich mit Dank an viele Leute, bei denen ich einst lernen durfte. Besonders haben meine Denkart die fünf ausgezeichneten Skilehrer beeinflußt:

BORIS KOBAL, Doyen der slowenischen Skilehrer, der mir als erster die Skitechnik beibrachte, mich zum Staatlich geprüften Skilehrer ausgebildet hat und auch weiterhin als Vorbild für gute methodische Arbeit beim Skiunterricht zugänglich war.

CLIF TAYLOR, Autor der GLM-Skier und Graduated Lenght Method, der als Freigeist den Mut hatte, ganz neue technische und methodische Wege zu suchen, mit denen er das Skifahren in den USA für einige Dekaden einfacher gemacht hat.

HORST ABRAHAM, ehemaliger Chairman des Ausbildungskomitees der PSIA (Professional Ski Instructors of America), der den frischen Wind und das intellektuelle Niveau in die internationale Skilehrerorganisation einzuführen versuchte.

Dr. WALTER KUCHLER, langjähriger 2. Vorsitzender der deutschen Kommission für Technik und Methodik; Autor ausgezeichneten Fachbüchern, der keinen Skrupel hatte, für seine fortschrittlichen Einstellungen konsequent zu kämpfen.

Dr. HANS JOACHIM UNGER, ehemaliger Generalsekretär der ISIA (International SKI Instructors Association), der mit großem Verständnis willig war, sich für die guten Ideen einzusetzen, um in der ISIA einen produktiven Gedankenaustausch zu gestatten.

Carving, eine unglaublich einfache und schnell erlernbare Skitechnik, die aber dem Könner auch eine äußerst amüsante und attraktive Fahrweise anbietet.

6

Was für die gewöhnlichen Skifahrer vor allem Spaß oder lustige Herausforderung ist, gilt für die Rennläufer als ein Muss - wenn sie sich unter den Schnellsten durchsetzen möchten.

Vor fast 20 Jahren schrieb der Autor dieses Buches in seinem damaligen Buch für Skilehrer, dass "...die Skitechnik samt allen Feinheiten und Neuigkeiten nur dann ihren Sinn hat, wenn sie auch während des Unterrichtes dem gewöhnlichen Skifahrer sein 'Joy of skiing' bietet und ihn nicht in die Rolle des zum Kasernendrill einberufenen Rekruten degradiert."

INHALT

I.TEIL
UNVERBINDLICHE PLAUDEREI ÜBER DAS SKIFAHREN

II. TEIL
WEHE, WENN DIE RENNLÄUFER NICHT DA WÄHREN

III. TEIL
CARVING

IV. TEIL
WAS JEDER FÜR SICH TUN KANN, UM EIN BESSERER SKIFAHRER ZU WERDEN

V. TEIL:
DIE LUSTIGEN SKIFAHRER VON BLOKE...

Klappentext

Wenn man von dem 72 jährigem Autor, Journalisten, Karikaturisten und Skiexperten Milan Maver erwartet, dass ein Buch mit braven Erinnerungen an die gute alte Zeit vorgelegt wird, so liegt man falsch. Hier werden moderne, scharfe Carvingspuren gezogen, die sich schneidend und manchmal ätzend in den Hang der Zeitgeschichte eingravieren. Das Bekenntnis zum Häretiker im Untertitel leitet keine journalistische Koketterie ein, sondern dokumentiert die Unabhängigkeit eines Geistes im Milieu der Skitheoretiker und Skipraktiker, wie sie selten zu finden ist. Häretiker fühlen sich immer dem abweichendem Standpunkt, dem Bruch mit geheiligten Tabus, der Auflehnung gegen zweifelhafte Autoritäten verpflichtet. Die Empörung gilt der Art und Weise wie der Fortschritt und das Wohl einer Sache mißachtet werden.

Der slowenische Autor Milan Maver schreibt sein Buch in deutscher Sprache, weil er sich mit Recht durch seine ganze Biographie der großen Skiwelt verbunden und verantwortlich fühlt. Die bekannten Namen der internationalen Szene, stützen ihre Größe bekanntlich auf eine große Hausmacht und auf skipolitische Allianzen. Maver stand im zweiten Glied, war nur mit dabei, hat hier und dort mit diskutiert, hat Vorträge gehalten und hat Veröffentlichungen gemacht. Er war immer groß auf der thematischen Ebene. Für Insider ist er so seit langem zu einem Mentor für unabhängiges Denken, zu einem Beispiel für persönliches Engagement und zu einem Vorbild für journalistische Redlichkeit geworden. Ihm war es dabei offensichtlich immer auch ein Anliegen, den Spagat zwischen thematischen Forderungen und Provokationen und der persönlicher Bescheidenheit durchzustehen.

Maver ist nicht alt geworden, um in Milde und im Streben nach verdienter Harmonie über das Skifahren zu schreiben, sondern um den Blick auf die Zukunft frei zu kämpfen. Für ih bedeutet Reife die

Fähigkeit, einen Standpunkt gewonnen zu haben, von dem aus er zu-und angreifen kann. Konkret geht es ihm um die moderne Entwicklung des Carvens. Er sieht Carven als ein Geschenk der Geschichte an die Skifahrer, das von vielen Verantwortlichen nicht wahr genommen wird. Er deckt auf, wie vor allem in seiner Heimat die Eitelkeit und Beschränktheit vieler sogenannter Fachleute dem Vortschritt im Wege stehen und wie der Skifahrer von heute seit Jahren um ein leichteres, besseres und vergnüglicheres Skifahren gebracht wird. Das Buch des Slowenen Maver könnte auch junge Schreiber der großen Skiländer Italien, Österreich und Deutschland ermutigen aufzuzeigen, wie dort ihre großen Autoritäten Hubert Fink, Franz Hoppichler und Erhard Gattermann sozusagen in konzertierter Aktion jeglichen Fortschritt mehr als zehn Jahre blockiert haben. Denn nur eine Geschichte, die aufgearbeitet wird, kann helfen, die gleichen Fehler in der Zukunft zu vermeiden.

Das Thema Carving steht im Mittelpunkt des Buches. Vom Carvingski bis zu Fahrweise des Carvens sucht der Verfasser die skigeschichtliche Bedeutung dieser Entwicklung aufzuzeigen und den Leser für die Sache zu gewinnen. Die Aufklärung reicht von der prinzipiellen Darstellung bis zum konkreten Rat. Weit entfernt von lehrbuchartigen Konstrukten werden dem Leser im Plauderton die Vorteile und Möglichkeiten des neuen Skifahrens nahe gebracht. Maver erzählt, schildert und erlaubt sich emotionelle Ausbrüche. Viele Leser werden das mit Erleichterung und mit Vergnügen zur Kenntnis nehmen.

Speziell muß Mavers Erzählkunst über seine inneren Bewegungserlebnissen erwähnt und hervorgehoben werden. Die Erlebnisschilderung einer Abfahrt greift eine literarische Form auf. Henry Hoek, Alfred Flückiger, Carl Joseph Luther (CIL) und Josef Dahinden, die großen Skiliteraten vergangener Zeiten, würden sich freuen. Damit gibt uns der Autor ein Beispiel, wie die modernen, aber meist hilflosen Appellationen zu mehr Emotionen konkret umgesetzt werden können. Vielleicht ermuntert dieses Beispiel auch zukünftige Autoren in der Fachliteratur, sich von der Dürre bloßer Analysen, rationaler Beweisführungen und korrekter Anweisungen nicht einengen zu lassen.

Maver kämpft, Maver klagt an, Maver weist dem Skifahrer den Weg in die Zukunft und Maver belebt die alte Darstellkunst der skifahrerischer Erzählung. Damit geht ein ungewöhnliches Buch in die Skiliteratur ein. Dafür sollte man besonders dankbar sein.

Walter Kuchler

ZUM SPRACHGEBRAUCH

Sie werden in diesem Buch die Begriffe RADIALTECHNIK und CARVINGTECHNIK als austauschbare Begriffe finden. Der ältere Begriff RADIALTECHNIK wurde 1966 von dem neueren und damals modischen Begriff CARVING-TECHNIK abgelöst. Da es in diesem Buch auch viel um Geschichte und Entwicklung geht, werden bewußt beide Begriffe verwendet.

EINSCHNEIDETECHNIK und SCHNEIDETECHNIK: In der deutschen Skifachsprache ist nur der Begriff SCHNEIDETECHNIK üblich. Gelegentlich verwenden wir aber auch den Begriff EINSCHNEIDETECHNIK, weil er noch viel bildhafter den Vorgang erfaßt.

Wenn beim Erzählen im Text gelegentlich von "unserem Land" gesprochen wird, dann ist damit immer SLOWENIEN gemeint.

Sprachliche Eigenheiten

Der Verfasser schrieb das Buch in deutscher Sprache, obwohl es nicht seine Muttersprache ist. Er erlernte sie als Kind, sie spielte aber in seinem Beruf als Journalist und Autor bisher keine Rolle. Es konnte deshalb nicht ausbleiben, daß manche Formulierungen geglättet werden und manche Bilder, die dem slowenischem Sprachraum entstanden, verändert werden mussten. Manches wurde allerdings auch belassen, wenn es zwar fremd klingt, dennoch aber bildstark wirkt. Gerade solche Textstellen veranlassen vielleicht den Leser zum Nachdenken.

Anstatt des Vorwortes:

Was ist schon dieses Buch - wieder ein Lehrplan?

Um Gottes willen, nur das nicht.

Es wurde ja schon so oft Alles genau bewiesen, definiert und bis zum kleinsten Detail vorgeschrieben, dass wir ohne nachzudenken immer wussten, welche Skitechnik die einzig richtige Skitechnik war.

Um das Skifahren auch den Hartköpfigen verständlicher zu machen, hat man jahrzehntelang jede technische Erklärungen mit Biomechanik und eindeutigen Vektoren der Mechanik unterlegt. Ich glaube, es gibt kaum noch einen Skifahrer ab der mittlerer Generation aufwärts, der diese Gebetsformeln nicht auswendig gekannt hatte.

Deswegen sagen wir lieber gleich am Beginn, was dieses Buch nicht ist: Es ist vor allem keine offizielle Verpflichtung und auch kein Lehrplan. Es will nur eine angenehme und unverbindliche Plauderei über das Skifahren sein, wie man es einfacher, leichter, reizvoller, fließender und sicherer macht.

Momentmal: Muss das Skifahren eben einfach, leicht, reizvoll, fließend und sicher sein?

Eigentlich nicht unbedingt. Denn schließlich haben auch Chirurgen und Rettungsmannschaften ihr gutes Recht, ihr tägliches Brot mit verantwortungsvoller Arbeit ehrlich zu verdienen.

Im Prinzip hat so jeder Skifahrer die freie Wahl, was er bevorzugen möchte: die mühevolle Anstrengung, mit der er kämpferisch den Hang hinunter abfährt, oder das spielerische Hin-und-her-Schwingen, mit dem gute Skifahrer an verschneiten Hängen ihren Spaß haben. Eine Geschmackssache, also.

Gewiss: Auch schlechtes Skifahren kann jemanden erfreuen. Es ist durchaus zu respektieren, wenn einige Leute schon beim Versuch, sich mit dem Skigerät am Hang hin und her bewegen zu können, eine spannende Unterhaltung sehen. Auch das muss als ihr gutes Recht anerkannt werden.

Nie aber kann ein unsicheres und verkrampftes Skifahren eine so mächtige Freude entlocken, wie ein sorgloser, jedoch durch und durch kontrollierter Skibummel den Kenner beglückt.

Man kann auch so formulieren: Die Faszination einer gelungenen Skifahrt lässt sich als eine reichliche Ernte von Renditen vergleichen - wenn man für die skitechnische Vervollständigung verbrauchte Zeit und Mühe als eine rentable Anlage annimmt... (Selbstverständlich, unter Voraussetzung, dass die dafür erforderliche Bewegungsfreude nicht durch einen quälenden Unterricht verdorben war.)

Somit sind wir schon beim Tabu des pädagogischen Verfahrens. Wir wissen ja, dass seit jeh auf diesem Gebiet eine peinliche Ordnung herrschte. Diese Ordnung konnte keine willkürliche Einfälle dulden. Es war immer unglaublich wichtig, in welcher Reihenfolge die verschiedenen Kunststücke dem Lernenden beizubringen waren. Um keine Missverständnisse hervorzurufen: Die offizielle Skimethodik war bestimmt eine gutgemeinte und gründlich durchgedachte Hilfe, mit der dem armen Anfänger die anspruchsvolle Skitechnik zugänglicher gemacht wurde. Leider verwandelte sie sich mit der Zeit in eine sich selbst dienende Obligation. Besonders unter den weniger denkenden, aber um so eifriger wirkenden Skilehrern und Anwärtern wurde sie oft als der Zweck selbst verstanden.

Die solch missbrauchte Denkungsart schaffte in den meisten Skilehrerverbänden eine Mentalität, in der alle schöpferisch beseelten Denker überflüssig geworden sind. Denn die Skilehrerzunft - das ist der Kern - braucht offensichtlich keine neue Erkenntnisse. Für das, was sie anbietet, reichen die alten vollkommen aus.

Manche berufen sich furchtbar gerne darauf , dass das Lernen eine ernste Sache sein muss. Einverstanden. Doch: Wird damit gemeint, dass der Lernende möglichst viel und schnell lernen soll - oder heißt es bloß, dass im Lehrprozeß eine toternste Stimmung mit veralteten Klischees herrschen muss?

Anders gefragt: Darf der Skilehrer zu Gunsten der Lernenden seine eigene Erfahrung und Intuition einschalten, wenn er den glücklichen menschlichen Anklang empfindet - oder ist das einzig Richtige, gedankenlos und pünktlich von Zeile zu Zeile alles auszuführen, was in dem kleinen Büchlein in seiner Brusttasche gedruckt steht, blind und taub, ob sein Schüler das braucht oder nicht?

An dieser Stelle muss der Autor den geehrten Leser höflichst bitten, sich konsequent nach seiner besten Überlegung zu richten: Will er den traditionellen Werten des alten Lehrwesens unbedingt treu bleiben, oder könne er auch einige von den "häretischen" Gedanken, die mit dem Trend der modernen Skiindustrie und des Skirennsportes im engsten Einklang stehen, als eine mögliche Alternative überlegen?

Wenn ja, dann soll er sich einmal die Zeit nehmen und diese Alternativen selbst ausprobieren - und sich erst dann entscheiden.

Denn der neue Ski und die entsprechende neue Skitechnik bieten dem Skifahrer völlig neue Möglichkeiten an, wie man ein einfacheres, sicheres und auch reizvolles Skifahren viel schneller als bis jetzt beherrschen kann.

(Dass die langjährigen pädagogischen Erfahrungen einiger ähnlich denkender Autoren in den alten offiziellen Kreisen des Lehrwesens nicht allzuviel gewürdigt werden - obwohl sie eine dem neuen Gerät angemessene Skitechnik beschreiben - wird mit Erwartung und ohne Betroffenheit hingenommen.)

Jede Skitechnik, die den Skifahrer sicher von dem hohen Berg ins Tal hinunter bringt, ist eine gute Skitechnik.

Es muß gesagt werden

gemacht; sie übersahen die Einführung der Kippstangen und den gleich danach folgenden Diagonalschritt beim Slalom (die ausgestreckte Außenhand schlug die Stange zur Seite); die ganze Veränderung der RS Technik Ende der 80 -er Jahre, die sich durch die Einführung der stärker taillierten RS-Ski unvermeidlich entwickelte, blieb unbeachtet; und die nationalen Verbände druckten noch in der ersten Hälfte der 90 -er Jahre ihre veralteten Lehrpläne in denen kein Wort von dem, was schon viele gute Skifahrer den Rennläufern nachgeahmt hatten, zu lesen war.

Es ist kaum etwas mehr als eine Dekade her, dass der durchschnittliche Skifahrer meistens noch als mehr oder weniger missglücktes Erzeugnis dieser oder jener Skischule gewertet wurde. Das scharfe fachliche Auge war immer willig im Nu festzustellen, mit welchen Fehlern jemand dem vorgeschriebenen Ausbildungsverfahren entkommen ist.

Sogar die braven Ausbilder mussten sich vor jedem Saisonbeginn einige Tage mit sich selbst bemühen, um, wie man sagte, sich wieder "einzufahren" (unter diesem Ausdruck versuchten sie die vorgeschriebene Beinspieltechnik mit eng zusammengepressten Füßen aufs Neue zur Perfektion zu vervollkommnen; zuerst jeder allein, bevor er dann zum Saisoneröffnugsseminar pilgerte).

Alle nationalen und internationalen Gremien des Skilehrwesens waren einige Jahrzente so tief mit dieser "einzig richtigen" Skitechnik, und vor allem mit sich selbst, beschäftigt, dass sie überhaupt nicht gemerkt haben, wann und wie diese perfektionistische Skitechnik ihren göttlichen Charm verloren hatte. Ganz plötzlich war der weg. Genauer: Er war nicht mehr als das Statussymbol des Unerreichbaren gesucht.

> *Noch schlimmer: Man muss sogar entmutigt feststellen, dass die Skischulen im letzten Dezenium die Errungenschaften der modernen Skiindustrie und Renntechnik einfach verschlafen haben - mit unbegreiflicher Selbstzufriedenheit.*

Sie haben nicht das Ausscheren des Außenskis und den wuchtigen Abstoß nach vorne gemerkt; sie haben sich keine Gedanken über das Kippen des Körpers in das Schwunginnere

Ohne Skiindustrie und Rennsport hätte es keinen Fortschritt gegeben

Etwas muss klar gestellt werden: Alles, was das Skifahren und besonders die Technik des Kurvens einfacher und effektvoller gemacht hat, kam aus den Entwicklungsbüros der Skindustrie und von der Rennstrecke her - ohne den geringsten Einfluß des Lehrwesens.

Es waren die besten Rennläufer des Weltcups, die mit den neuen, anders dimensionierten und verfeinert strukturierten Skiern, die von den Herstellern noch ständig verbessert wurden, eine ganz neue Skitechnik ausgeübt hatten. Das Ganze geschah in aller Stille, Schritt für Schritt und ohne pompöse Weltkongresse mit tiefsinnigen Referaten der prominentesten Theoretiker. Ohne heftige Diskussionen hat sich die neue Skitechnik dem neuen Material angepasst. Hand in Hand mit der Industrie und dem Rennsport profilierte sich diese Technik immer deutlicher - bis sie sich schließlich als sogenannte Schneidetechnik im Rennsport völlig etabliert hat.

Wegen seiner ausgezeichneten Leistung wurde der neue Ski bald als der 'Smart-Ski', oder der 'Gescheite Ski' genannt. Nämlich, er 'wusste' genau, wie man einen schönen Schwung auf der Kante anfängt und schneidend durchfährt.

Logischerweise entwickelte die marktorientierte Skiproduktion neben den Rennski auch eine Reihe von weniger anspruchsvollen Modellen mit ähnlich kurvenfreudigen Eigenschaften. Diese Skier waren den gewöhnlichen Skifahrern zugedacht - von Anfängern bis zu sportlich begabten Skifahrern. Sie bekamen später den Namen: die Carvingski.

Alles, was der gewöhnliche Skifahrer mit diesen Skiern noch zu tun hat, ist der Kantenansatz. Den muss er noch immer selbst setzen und zwar noch vor dem Schwungbeginn! Das heißt, die beiden Skier auf die Kanten stellen! Alles andere machen dann die Skier mit dem betonten seitlichen Bogen selber.

Solange die beiden Skier parallel und auf den Kanten gleiten, kurven sie in der Bahn ihrer länglichen Biegung.

Diese neue Erungenschaft zeigte sich für die heutige Skiwelt und für die weitere Entwicklung des Skifahrens als eine so tiefgreifende Änderung, dass es einfach unbegreiflich bleibt, wie sich die meisten Gremien des Lehrwesens mit solcher Ignoranz so lange in nichtswissender Distanz fernhalten konnten.

Es bleibt also unbestritten, dass erst die Konstrukteure und die Hersteller einer völlig neuen, kompakter gebauten Skigeneration mit betonter Taillierung eine neue Skitechnik ermöglicht haben.

Ohne die neuen Skieigenschaften wären auch die Rennläufer nicht in der Lage gewesen, ihre Leistungen in großartiger Weise zu steigern.

Während man noch in der Mitte der 90er Jahre in den meisten Ländern mit dem Carvingski nur die alte Beinspieltechnik unterrichtete, zog Walter Kuchler schon die Carvingspuren, die als Vorläufer der späteren Carvingtechnik deutlich zu erkennen waren.

Das verlorene Dezenium

Obwohl die stark taillierten Skier, die sogenannten Carvingski, selbst in die Kurve einbiegen und die Kurve selbst parallel durchfahren können, gibt es leider noch heute eine überwiegende Mehrheit der Skifahrer, die von neuen Skiern und von der neuen Skitechnik keine klare Vorstellung haben. Sie wissen nur, dass darüber viel gesprochen wird und dass die neuen Skier angeblicht selbst 'carven'.

Wie man mit den Carving-Skiern in der Tat umgehen soll, davon haben die meisten Skifahrer keine Ahnung. Deswegen waren schon viele enttäuscht. Am ärgsten empfinden das diejenigen, die ihre Skier bis dahin flach hin und her geschoben haben, oder mit dem Stemmbogen gedreht haben.Als solche Skifahrer die starktaillierten Skier bestiegen, stellten sie plötzlich fest, dass sich die Skier während der Fahrt doch anders benehmen, als sie es sonst gewohnt waren Ski zu fahren.

Statt das Notwendigste schon voraus zu wissen, was für die Ausnützung der guten Skieigenschaften erforderlich ist, zwangen die ungenügend informierten Skifahrer die Carving-Skier in eine für sie unnatürliche Stellung oder Haltung, für die sie nicht konstruiert waren. Und dann ging alles schief.

Bei einer so großen und so lang andauerdnden Werbung sind solche untauglichen Skiversuche einfach nicht zu verzeihen und noch weniger zu verstehen. Die künftigen Käufer oder Interessenten für eine Probefahrt müssten doch in die minimalen technischen Forderungen eingeweiht werden. Leider gilt gerade das Gegenteil: Sie haben von einer Radial - oder Carvingtechnik nicht die geringste Ahnung. Sie wissen überhaupt nichts, nicht einmal das, dass die Skier auf den Kanten gleiten müssen.

Und solche totale Unwissenheit ist die traurigste Seite dieser Entwicklungsgeschichte, in der sich die Skiindustrie und die Skischule brüderlich die Verantwortung teilen können.
Die Skiindustrie muss sich damit abfinden, dass sie ihren Teil der Verantwortung trägt, weil sie sich so unkritisch mit dem Nichtstun des offiziellen Lehrwesens abgefunden hat. Hätte man den zukünftigen Skifahrern in den Skischulen, in den Zeitungberichten und von Anfang an in der Werbung ehrlich gesagt, was sie zu erwarten haben oder wie sie die neuen Skier ausprobieren sollten, um sich zu überzeugen, gäbe es viel weniger enttäuschte Skifahrer, die dann noch dazu ihre Enttäuschung weiter verbreiten.

Deswegen muss wiederholt gesagt werden: Es ist eine große Schande, dass bei einem so breit und weit ausgedehntem Lehrwesen und bei so ausgiebiger Werbung so etwas überhaupt geschehen konnte. Eine Unverantwortlichkeit, die nicht zu entschuldigen ist.

Was die neue, einfachere Carvingtechnik betrifft, besteht über sie wegen des offiziellen Haltung des Lehrwesens und der meisten Skischulen so viel Unklarheit, dass auch einige besser infomierte Leute nicht wissen, wem sie eigentlich glauben sollen. Dann fahren sie eben auch weiterhin mit dem neuen Gerät auf die alte Weise.
Keiner will behaupten, dass für diejenigen, die ihre alte Beinspieltechnik gut beherrschen, so etwas falsch ist. Nein. Es ist bloß nicht nötig! Aber wer es kann und wem es Spaß macht, der kann auch mit den neuen Skiern ruhig die alte Beinspieltechnik weiterfahren. Genauso, wie man auch vor einem Kraftwagen noch ein Pferd einspannen darf.

Bei einer solchen Kopflosigkeit kann man auch solche Leute leichter verstehen, die sich gefragt haben, ob die ganze Geschichte über den Carvingski nicht nur eine übertriebene Reklame sei, die bald vergessen sein wird? Da inzwischen der kürzere, starktaillierte Carver auch im Weltcup schon richtig heimisch geworden ist, braucht man diese Frage nicht mehr zu beantworten.

Achtung: Der neue Ski kann auch gefärlich sein!

Was für eine Ironie: Gerade der Carvingski, mit dem so leicht zu fahren ist und mit dem der Anfänger das Skifahren so schnell und ohne Mühe lernt, kann die Nichtinformierten erbarmungslos bestrafen. Deswegen braucht der ahnungslose Anfänger mindestens für den ersten Tag einen guten Skilehrer (noch besser für zwei oder drei Tage).

Auch die in der Beinspieltechnik ungenügend erfahrenen Skifahrer setzen ihre Sicherheit auf eine starke Probe, wenn sie leichtsinnig glauben, auch mit den Carvinskiern die schlampige Art der Beinspieltechnik weiter ausüben zu können. Das geht sich nicht aus. Für so etwas hat der Carvingski noch weniger Verständnis als die alten Skier.

Der Carvingski ist zwar willig, manches in der Radial/Carvingtechnik großzügig zu verzeihen, was die alte Paralleltechnik als "Fehler" bezeichnete. Er lässt sich aber nicht zwingen, dieselbe schlampige Art der alten Technik an seinen Flächen zu dulden. Zum Beispiel, wenn die Leute mit

flachgestellten Skiern in der Schussfahrt vergessen, dass die Skier unruhig gleiten, weil sie für die Kantenfahrt konstruiert waren.

Noch so kleine Körperneigungen in das Schwunginnere, stellen die Skier auf die Kanten, womit die stärkere Taillierung selbst in die Kurve zieht. Das Endergebnis: kurven ohne Risiko.

Oder wenn sie die flach gel legten Skier seitlich hin und her schieben wollen,

oder wenn sie nach übertriebener Hochentlastung die Skier quer zum Hang schmeißen, wo diese dann plötzlich ganz gewaltig zugreifen und die Leute ihr Gleichgewicht verlieren,

wenn die noch weniger Erfahrenen versuchen, den Schwung vorsichtig mit dem Stemmen anzufangen und dann die Skispitzen kreuzen,

oder, was noch schlimmer ist, wenn sie versuchen an einer steilen Stelle in die Pflugstellung zu springen und sich auf diese Weise aus zu schneller Fahrt zu retten wobei sie dann freilich mit der Nase über die Skispitzen bergab fliegen.

Sie tun buchstäblich alles, was sie nicht tun sollten.
Und sind dann ganz empört: "Nee, das ist nichts für mich!"

Man könnte hier einen weitschweifigen Mängelbogen von lauter misslungenen Versuchen aufstellen, die nicht so selten mit angerissenen Kniebändern oder anderen Verletzungen enden.

Logisch oder unlogisch - wer macht sich schon Gedanken

Alle solchen unbedachten Fahrten kann man auch als eine sinnlose Anti-Werbung der irreführender TV Werbung bezeichnen. Darüber berichtet die folgende Geschichte.

Im Frühling 1996, als der Autor schon engagiert an seinem ersten Carving-Buch arbeitete, war er ganz zufällig bei einer TV-Werbeaufnahme für die Carvingskier anwesend.
Herrliche Skiverhältnisse: viel Pulverschnee, viel Sonne, schick angezogene und angebräunte Skilehrer. Selbstverständlich wurde auch viel und attraktiv gesprungen, mit Skiflächen am Blau des Himmels, mit dem Firmennamen gegen das Objektiv zeigend. Und dazu noch viele Kurzschwünge - und zwar mit energischen Stockeinsätzen, mit dicht zusammengepressten Skiern und Füßen, mit kräftiger Kniearbeit, Hochentlastung, Gewichtübertragung an den Außenski, kurz gesagt: das perfekte Kurzschwingen (eigentlich das einzige, was sich mit dem Extremcarver am sehr steilen Hang nicht ohne Hilfe der alten Beinspieltechnik machen lässt...).
Am Ende wollte ich wissen, was diese Präsentation den Zuschauern zuhause bei ihren Fernsehgeräten zu sagen hat?
Die Antwort:
      -Die haarschmale Spur ziehen!
      -Schwingen, ohne abzurutschen!
      -Das neue Skierlebnis geniessen!

Mit allem Respekt für die Fernsehwerbungen, die attraktiv sein müssen, und ohne den kleinsten Zweifel an der technischen Perfektion der Altstars - die wirklich ausgezeichnete Skifahrer

Die Zuschauer der TV-Werbung konnten leicht den falschen Eindruck bekommen, dass sogar ein Nichtskifahrer mit den Carvingskiern sofort das Vorgezeigte nachmachen könnte.

waren - musste sich der Beobachter fragen: War das Ganze nur eine Promotion der skifahrerischen Fähigkeiten der Besten von den Besten, was sie alles tun können, wie unglaublich gut sie sind - oder lautete die Mitteilung an die Leute dort draußen, was der neue Ski selbst fähig ist zu tun?

Die ganze Demonstration hat nämlich nichts anderes bewiesen, als dass die besten Demonstratoren auch mit dem Carvingski im Stande sind, alles so perfekt zu fahren, wie sie es auch mit jeden anderen guten Skiern fähig wären...

Mit diesen Bildern im Kopf müsste der Nicht-Skifahrer - wenn er die vorgeführte Promotion nicht als irreführende Werbung enthüllt hätte - zum folgenden Schluß kommen: Man braucht sich nur das neue Werkzeug an die Schuhe anzulegen und ohne noch etwas anderes zu tun, loszufahren; die Kunst des guten Skifahrens wird schon von alleine in die Beine fahren.

Oder sollte der gewöhnliche Skifahrer, der sich sonst mit vielen Schwierigkeiten herumschlagen musste, glauben: von jetzt an und sofort wird auch er die geschnittene haarschmale Skispur hinter sich her ziehen...

Es war kein Wort von irgendeiner neuen Skitechnik zu hören. Und auch die Methodik hat bei so viel Neuigkeiten nichts Neues zu sagen.

Das offizielle Lehrwesen unterrichtete noch einige Jahre später selbstbewusst die Anfänger und die Fortgeschrittenen auf die alte Weise, dass heißt, auch auf den neuen Skiern die alten Übungen der alten Reihe nach:

-so für die Geradefahrt,
-für das seitliches Abrutschen,
-für die Pflugfahrt und den Stemmbogen und Stemmschwung - wie es ja schon so lange üblich war...

Wenn das nicht geisttötend ist!

Die neue Skitechnik ist wirklich einfach, leicht und sicher unter einen Umstand: Wenn man sich mit ihr bekannt macht und in einigen Stunden das Nötige unter einer guten Führung lernt.

1996 SKI OF THE YEAR

GOLD MEDAL SKI

Der zum Hilfsarbeiter degradierte Carvingski

Auch mit den neuen Skiern, die selbst parallel kurven können, muss der arme Anfänger die Kunst des Parallelschwingens nur mit Hilfe des Pflugbogens und Stemmschwunges erlernen...

Man kann dafür keine bessere Erklärung finden, als dass der pädagogisch-schöpferische Geist hoffnungslos in eine Schablone eingeklemmt ist und sich ohne Genehmigung von Oben nicht einmal zu rühren traut...

Dass eben diese Denkensart schon global verbreitet ist, bestätigte auch das erste amerikanische Carving-Skript für die Skisaison (1995/1996). Das auffallendste an diesem Manual ist die blinde Übertragung der klassischen Skitechnik und der klassischen Skimethodik in den Unterricht mit wesentlich anderen Skiern. Alles, aber buchstäblich alles, was der Schüler früher mit dem Normalski gezwungen war zu tun, um die Skier in die neue Fahrtrichtung zu drehen, haben die klugen Ausbilder auch für den Carver vorgeschrieben...

Der neue, kürzere und stärker taillierte Ski, der (auf die Kante gestellt) aus seiner Konstruktion heraus selbst in die Kurve einbiegt, bekam in diesem Lehrplan nur die Rolle eines Katalysators; mit seiner Hilfe wurde den Leuten die alte Beinspieltechnik leichter beigebracht. Die alten Programme zeigten sich noch einmal als Gottes Segen. Ja, berichteten zufrieden die Experten: Der Fortschritt im Unterricht liess sich in den letzten zwei Jahren deutlich beobachten!

Doch geschah dies mit einem kleinen Schönheitsfehler: Für die frischen Anfänger, (Stufe 1-3), empfahl das Manual zuerst die Anwendung der gewöhnlichen Skier, "wenigstens für die erste

Hälfte des Tages oder so ähnlich". Erst nachher, wenn sich der Anfänger mit den Basiselementen der Schussfahrt, des Stemmbogens und seitlichen Abrutschens vertraut machte, sollte er auf den Carver umsteigen dürfen.

Den amerikanischen Ausbildern ist also nicht entgangen, dass der Carvingski für die genannten drei Basiselemente nicht geeignet ist. Trotzdem wollten das die Propagandisten der Carvingskier zuhause nicht hören. Und auch die europäischen Skischulen wollten das nicht wissen. Da in den USA die meisten Klienten der Skischule ihre Skier im Rentalshop ausborgen, ist dort der Umtausch kein Problem. So hat die Skischule den einfachsten Ausweg genommen.

Und noch etwas hatte sich damit deutlich gezeigt: Die amerikanische Skischule hat die Funktion des Carvingskis bloß als die Rolle eines Beschleunigers verstanden. Der sollte das Erlernen der schweren Beinspieltechnik erleichtern und beschleunigen.

> *Die Skischule bewertete so den neuen Carvingski im Rahmen ihrer eigenen Unterrichtsmission. Denn, die Skischule kann nicht sagen: Liebe Skifahrer, seid vernünftig; von jetzt an ist das Skifahren so einfach geworden, dass sie uns fast nicht mehr brauchen. Na ja, für einen oder höchstens zwei bis drei Tage müsst ihr schon da sein - dann geht und fahrt Ski!*

So etwas kann keine kommerzielle Skischule auf der Welt sagen. Im Gegenteil: Sie hat auch für den neuen, kürzeren Carvingski und für das Carven einen Haufen von alten Übungen aufbewahrt (in den USA für alle Schulstufen von 4 bis 9).

Halbcarver als der Notausgang

In Europa hat man dieses Problem mit einer Reihe von weniger taillierten Carvingskiern - den sogenannten Halbcarvern - gelöst.

Der Halbcarver mildert die Schwierigkeiten bei den erwähnten drei "Basiselementen": bei der Schussfahrt, beim Stemmbogen und beim seitlichen Abrutschen. Dass diese Lösung auf Kosten der geringeren Schneidefreudigkeit und des verringerten Kantengriffes geht, ist auch logisch.

> *Es gibt doch eine Skifahrergruppe, bei der ein oben beschriebener Unterricht sinnvoll wäre. Das sind die mehr oder weniger erfahrenen Umsteiger, die ihre Beinspieltechnik auch nach dem Umsteigen auf den Carvingski weiter fahren wollen. In diesem Fall sind der amerikanische und alle anderen alten Lehrpläne der logische Weg.*

Aber eben deswegen stellt sich nicht ohne Bitterkeit immer wieder die Frage: Warum hat bei der Durchsetzung der neuen Skitechnik gerade das wichtigste Glied zwischen der Skiindustrie und dem Rennsport - die Skischule - völlig versagt, obwohl gerade sie den Weg bahnen sollte...?

Vielleicht ist doch wahr,
- dass die Unterrichtsbranche keine neuen anregenden Ideen braucht...
- dass die Skischulen nur ihre einst pedantisch ausgearbeitete Programme mit einigen kosmetischen "Verbesserungen" - mumifizieren wollte,

- dass zehn Jahre im Lehrwesen vergeudet und weggeschmissen waren.*

Der Wahrheit zuliebe gehe ich nochmals auf die Tatsachen ein:
- Noch nie in der Skigeschichte war das parallele Kurven für die Anfänger so leicht erlernbar, wie es mit den Carving-Skiern und der Carvingtechnik der Fall ist.
- Noch nie konnten die weniger guten Skifahrer mit den Carving-Skiern und der Radial/Carvingtechnik so einfach schwingen und kurven.
- Auch für die guten rekreativen Skifahrer ist die Carvingtechnik samt dem Carvingski ein so sicheres und leichtes Skifahren geworden, dass sie jedem, der seinen Körper schonen muss, nur zu empfehlen ist.
- Für die extremen Carver, die den Snowboardern ähnlich fahren wollen, ist der Weg zu einer äußerst attraktiven Fahrt offen.
- Noch keine der bisherigen Skitechniken war für den menschlichen Körper so schonend und so wenig schädlich.
- Die guten Skifahrer können ihrer alten Beinspieltechnik auch auf dem Carvinski treu bleiben.

Schon aus diesen Gründen ist unbegreiflich, dass das Neue in den meisten Lehrplänen nicht eingeführt wurde und sich nicht durchsetzen konnte.

*Die einzigen ehrsamen Ausnahmen - unter denen vor allem Dr. Walter Kuchler und seine Mitarbeiter im Verband SPORTS und einige Einzelgänger in anderen Ländern, die sich schon lange mit Wort und Tat dagegen wehrten - bestätigen nur die traurigen Regeln, die bis jetzt im Lehrwesen herrschen..

Wie die verschiedenen Skifahrer die guten Eigenschaften der stärker taillierten Skier ausnützen werden - gänzlich oder nur teilweise - hängt ganz von ihnen selber ab. "Richtig" ist beides.

I. TEIL
UNVERBINDLICHE PLAUDEREI ÜBER DAS SKIFAHREN

(Warnung: Die verbissenen Realisten und all diejenigen, die nur die kurz zusammengefassten Gebrauchsanweisungen für sofortige technische Verwendung suchen, mögen dieses Kapitel glatt überspringen und erst an der Seite 62 oder 75 weiterlesen.)

Bitte, bitte, halten sie keine Skitechnik für eine vorgeschriebene Pflicht!

Ich glaube, dass in diesem Buch schon so oft ans Herz gelegt wurde, ja keine Skitechnik als eine vorgeschriebene Obligation zu verstehen, so dass diese Appelle uns allen schon ein klein wenig langweilig vorkommen.

Trotzdem würde ich mir erlauben noch einen häretischen Gedanken zu äußern:

Man sollte auch die Radial-oder-Carving-oder-Einschneidetechnik unter guten Skifahrern nur als eine hervorragende Möglichkeit annehmen. Zwar als eine amüsante, effektvolle und für das Rennen unentbehrliche Fahrweise, die aber trotzdem von jemanden zu Recht oder Unrecht - dass ist schließlich egal - abgewiesen wird.

Die meisten guten Skifahrer überlassen sich gerne dem Gelände und ihrer inneren Laune. Diese ist einmal voll von Unternehmungslust, dann aber wieder nur noch wie lauwarmes Wasser. Sie ist von den Wetter-und-Schneeverhältnissen und noch von so vielen Sachen abhängig. Damit möchte ich nur sagen, dass sie sich - so wie ich und wahrscheinlich auch noch einige anderen Skifahrer - von keiner Schablone gefangengenommen fühlen sollten. Genauer: Sich nicht gefangennehmen lassen!

Ich kann mir das so vorstellen, dass die guten Skifahrer ihre übliche Skitechnik mal mit stärkerer Körperneigung in das Schwunginnere ergänzen werden, wenn sie sehr schnell durch sehr scharfe Kurven brausen wollen oder wenn sie sich auf einmal in sehr schlechten Schneeverhältnissen finden würden.

Oder vielleicht, wenn sie sich mit dieser spielerischen Radialtechnik und den Carvingskiern während einer moderaten und entzückenden oder gerade umgekehrt, während einer draufgängerischen Fahrt amüsieren wollten.

Es kann aber genauso geschehen, dass sie mit dieser Fun-Fahrt für eine Zeitlang gerade dem Carvingfahren den Vorrang geben werden.

Gleich, was sie auch machen werden, das muss nicht unbedingt eine ewige Liebe oder Treue bis zum Tod sein. Oder vielleicht doch? Es ist egal. Wichtig ist nur das eine: Dass der Mensch nicht etwas ablehnt, bevor er es richtig kennengelernt und erlebt hat.

Freilich sind uns auch solche (sogar gute) Skifahrer bekannt, die ewig das Gleiche fahren, von morgens Früh bis zum späten Nachmittag. Wobei sie meistens immer die gleichen Pisten oder Hänge befahren, mit derselben Geschwindigkeit und auf dieselbe Weise, an denselben Stellen und auch mit demselben Ausdruck im Gesicht.

Solche Leute haben es nicht gerne, wenn man sie für irgendetwas Anderes, Neues oder bloß ihnen Unbekanntes zu gewinnen versucht. Man soll sie als solche annehmen und ihnen nicht das gute Gefühl mit seinen eigenen Vorstellungen verderben.

Was aber die weniger gute Skifahrer mit ihren ewigen Schwierigkeiten betrifft, finde ich keine bessere Lösung für sie, als sich in einer Carving-Skischule beraten lassen und auf die Carvingskier umzusteigen und die Radialtechnik zu erlernen. Es gibt zu dieser Zeit bestimmt keinen leichteren und zuverlässigeren Weg.

Eben die Verschiedenartigkeit der Fahrweise und des persönlichen Stils macht das Skifahren so kreativ und so reizend.

Das Märchen der Morgenstunde

(oder warum ich noch immer gerne Ski fahre)

Der Untertitel zu diesem Kapitel könnte auch so formuliert werden: Womit lässt sich die Mühe, die man in die Erwerbung einer guten Skitechnik investiert hat, bezahlen?

*B*itte, entsetzen Sie sich nicht: Für mich ist das Skifahren noch immer eine Art Poesie.

Ach, ich sehe schon, wie plump diese Worte dem sachlichen Leser vorkommen werden, besonders wenn er das Buch aufgeschlagen hat, um möglichst schnell etwas Nützliches vom aktuellsten Skifahren zu erfahren.

Aber ich wollte mit obigem Vergleich nur sagen, dass für mich das Skifahren noch immer jenseits des Schwüngekratzens und des technischen Exerzierens liegt - also weit weg von den Plätzen, wo so viele qualifizierte Leute über die Schönheit des Skifahrens Gewalt ausüben.

Denn, für mich ist das Skifahren eine spielerische Ausgelassenheit, ist fast eine Art von Dichtung, die der Skifahrer mit Andacht auf die weißen, an diesem Tag noch nicht befahrenen Hänge schreibt.

x

Um nicht missverstanden zu werden, werde ich nochmals zugeben: Ja, das Einüben der Skitechnik in einer guten Skischule ist unvermeidlich, wenn jemand ohne Schwierigkeiten auch die schwarzen Pisten befahren will. Auch das weitere Feilen an der Skitechnik ist eine rentable Anlage, die sich später reichlich auszahlen lässt.

Aber trotzt der guten Bewegungsgefühle, die sich mit dieser Arbeit irgendwohin unter die Gehirnmembrane einschleichen, bleibt die erworbene Skitechnik nur die Art und Weise, mit der der gute Skifahrer aus einer Fahrt ein Erlebnis macht.

Ich möchte Sie gerne einladen, die erste morgendliche Abfahrt, die ich jetzt in der Abendstille für Sie niederschreibe, nochmals mit mir zusammen zu erleben.

x

*D*a stehen wir auf dem klaren und kalten Gipfel. Über die reingefegte Bergstation hasten ziellose Winde. Es ist ihr uraltes Recht, da oben die Wächten zu bauen und alles nach eigenem Willen zu gestalten, ob das den Skifahrern recht ist oder nicht.

Die ersten Schwünge abwärts sind kurz und tastend, nicht aus Beklommenheit oder wegen der Überhänge, die sich jenseits des gespannten Seils zu Abgründen weiten. Dies wäre ja Angst. Mit Angst in den Knochen, das muss wohl gesagt werden, kann auch der beste Skifahrer nicht sein Bestes tun (Sie wissen ja: die Beine versteifen sich und die Bewegungen werden schwerfällig). In einem solchen Falle wäre es das einzig Vernünftige, was Sie tun können: Sich gleich zurück zur Bergstation begeben und ohne

Scham mit der Gondel hinunterfahren.

Um es nicht zu vergessen: Auf den schweren Strecken gibt es wirklich keinen schlechteren Begleiter als die Angst. Bitte, glauben sie mir das!

Wie gesagt, die Schwünge sind zuerst kurz und tastend, weil der Schnee geprüft wird. Man muss feststellen, wie groß der Kanteneinsatz sein muss und wieviel Kraft die Beine am Bruchharsch aufzubringen (oder besser gesagt, entgegenzunehmen) haben. Die Schwünge müssen schnell vollendet werden, aber doch weich und nicht hakelig sein. Das

Schlimmste wäre es, mit verbrauchter Schwungkraft in der Fallinie zu versagen. (Eine solche Fahrt ist bestimmt keine richtige Angelegenheit für den Skitest - so etwas muss mit den neuen Skiern woanders geschehen.)

Mit den Augen suche ich einige Schwünge voraus den besten Weg. Es ist keine eifrige Kampflust in mir, den Berg zu besiegen. Das könnten nur unsinnige Träumereien sich selbst überschätzenden Naivlinge sein, die vor dem Hochgebirge keine Achtung haben. Ich versuche mich bloß anzupassen: Immer das Geläufigste dort tun, wo es das Gelände erheischt. Und als ob das

Gelände mit mir zufrieden wäre, hilft es bereitwillig mit.

Nach der Kälte, die oben am Gipfel in die Wangen schnitt, ist die Geborgenheit unter der Steilwand wohltuend. Die Backen schmerzen nicht mehr. Auch die beklemmende Enge des Culoir liegt schon weit zurück. Von oben, wo Vorhänge pulvrigen Schnees in das Blau des Himmels aufwirbeln, kommt kein Skifahrer nach.

Die Weiten öffnen sich allmählich, sie breiten sich über die weich abgerundeten Almfelder. Die Skier knistern leise, mit den Skispitzen die Schneedecke wie eine weiße Stoffbahn aufschlitzend. Unzählige Kristalle wirbeln auf und funkeln aufgeregt im gleißenden Sonnenlicht, bis sie dann zerstäubt erlöschen und sich in ihr weißes Bett legen.

Auf einmal sinken die Skier. Die federleichte Schneedecke verliert ihren festen Boden. Offensichtlich war die Stelle vorm Wind gut eingedeckt worden. Deshalb müssen jetzt die Skischaufeln mit Rücklage und mit der Kraft der hochziehenden Muskeln hochgehalten werden.

Der Schneewiderstand vergrößert sich enorm und verlangt bei jedem Schwung eine kräftige Bein-und Körperarbeit. Eine harte

Arbeit, so kann man sagen, die wenig Vergnügen schenkt. Die langgezogenen Bögen ähneln einer müden, eingeschlafenen Riesenschlange mit angezogener Bremse. Es hilft nur eines: Geradeaus in die Fallinie hinunter zu schießen, bis endlich die wachsende Geschwindigkeit ausreicht. Jetzt drängt der staubende Schnee in den Mund und fliegt über den Kopf hinweg. Die Schwünge werden wieder leicht, fließend und sie können ohne Mühe ausgeführt werden. Beide Ski gleichmäßig belasten! Sonst würde ja der etwas mehr belastete Ski in die Tiefe versinken. Viele Skifahrer lassen sich nicht überzeugen, dass im tiefen (oder feuchten) Neuschnee nur die zunehmende Geschwindigkeit der sicherste Verbündete ist. Je tiefer der Schnee, desto größer muss die Geschwindigkeit werden! Wer diesem Rat nicht folgen will - oder sich nicht traut - dem bleibt nur noch das Abrackern: mit enormer Muskelkraft den Schneewiderstand bewältigen. Was aber trotz aller Mühe nur halb so sicher ist, wie es die größere Geschwindigkeit bietet.

Plötzlich melden die Füße, dass unter der Skifläche wieder der feste Halt zu spüren ist; die pulvrige Menge ist dünner geworden und der Rhythmus kann geändert werden. Die Schwünge können wieder feinfühliger gezogen werden und der Radius variiert. Die Last um die Beine herum ist verschwunden und die Bauchmuskeln entspannen sich. Die Skier gleiten wieder freudig und mühelos durch die Kurven. Die große Konzentration ist nicht mehr erforderlich.

Die herrliche Schneeverhältnisse steigern die Laune; die Skier liegen gerade so tief im Pulver versenkt, dass sie eine gute Führung haben. Irgendwo im Gehirn spielt sich der Gedanke, ob in solchem Schnee die Skier nicht bloß mit Gedanken zu lenken wären: jetzt sanft nach links, dann etwas schneller nach rechts - immer nur hinten im Gehirn ausgelöst - und dann durch den Schwung mit unsichtbaren Zügeln sanft lenkend.

Die Illusion erweckt das Gefühl der Schwerelosigkeit. Man schwebt oder fliegt tatsächlich frei irgendwo zwischen der festen Erde und dem Blau des Himmels.

Wäre es in dieser heiligen Stille nicht sündig aufzujauchzen (und wäre es nicht mein Anti-Jodel-Talent so auffallend hörbar), würde ich die mächtige Freude nicht stumm unterdrücken können.

Die ganze Natur beteiligt sich auf dieser Märchenreise als der erfindungsreichster Szenograf, der sein Drehbuch ständig mit neuen Fantasieszenen ergänzt.

Rechts unten liegen zwei riesige Mulden, sie sonnen sich dicht nebeneinander. Vorbei fahren? Oder hineinkurven? Oder...Zu spät. Die Skier sind schon über den Rand: Eine leichte Knie-und Fußbewegung vermindert den Kantenansatz und schon sind die Skier ein wenig quergestellt und im gemütlichen Seitrutschen, immer dem oberen Rande nahe. Die Mulde ist voll wohltuender Sonnenwärme. Das spielerische Gleiten mit leicht abrutschenden Skiern bremst und weckt ein eigenartiges Gefühl, das von der Schneefläche über die Ski und Fußsohle hinauf in die Beine steigt, wie ein sanftes Brummen, wie eine hörbare Reibung der Skiflächen mit dem Schnee.

Seitliches Abrutschen? Schon sehe ich misstrauisch hochgezogene Augenbraue: Ist das nicht falsch? Man fährt ja heutzutage auf der Taillierung! Man carvt und folgt der Kantenbahn. Wer macht denn noch das seitliche Abrutschen? Haha! Ich mache es. Weil es mir Spaß macht. Weil ich kein Rennfahrer bin, der auf der Strecke um die hundertstel Sekunde kämpfen muss. Weil ich nichts vorführen und nichts beweisen will. Weil ich in diesem Augenblick bloß seitlich abrutschen will. Ein kurzer Stock-und Kanteneinsatz macht plötzlich dem

Abrutschen ein Ende. Wie von einer unsichtbaren Hand gehoben fühle ich mich richtig in den neuen Schwung vom Hang getragen. Doch dann lasse ich die Skier nicht den Schwung hineinfahren, sondern ich drehe aus der Fallinie wieder zum Rande hinauf. So geht es eine Zeitlang immer schön rhythmisch auf und nur halbwegs ab und wieder auf und nur halbwegs ab - wie einst in der Skischule beim Girlandenfahren. Damals galt das als eine nützliche Übung zur Festigung des Rhythmus-Schwung-und Auslösegefühls, aber für den Kenner ist es noch heute ein lustiges Spiel, um die Schwungmonotonie zu beleben.

Genug. Mit einem Abstoßschritt geht es schräg in die Mulde hinunter und dann auf der anderen Seite hinauf und über den Rand in die nächste Mulde hinein. Sie ist breiter und viel tiefer, sie lockt und reizt mit ihrem runden Bauch, der sich auf der anderen, etwas niedrigeren Seite fast senkrecht hinaufrundet. Keine Zeit zu überlegen. Schon geht es in Schussfahrt hinunter, über den Muldengrund hinweg und dann steil, sehr steil hinauf...

Auf einmal hat das Gesicht nur noch das Blau des Himmels vor Augen. Im selben Moment verschwindet unter den Füßen der feste Halt. Der Körper schießt in die Luft. Dann neigt er sich nach vorne, um die Skier wieder parallel zum Boden zu bringen und verharrt einen Augenblick regungslos hängend, wie ein Hubschrauber, dem der Treibstoff ausgegangen ist.

Kaum zu glauben, wie lange eine solche Sekunde dauern kann. Endlich fängt das Gelände an, sich wieder zu nähern, bis die Skier im Schnee, in einer breiten Rinne landen.

Woop, das war aber hoch!

Die Überraschung braucht eine kleine Atempause, eigentlich nicht wegen des Aufatmens, sondern um sich mit einer etwas harmloseren Fahrt zu entspannen und für die Fortsetzung wieder den guten Rhythmus zu finden. Ein altes Kinderspiel versetzt und zieht mich in schon vergessene Zeiten: Mit breit ausgestreckten Armen überlasse ich mich völlig der langsamer Fahrt, von einer Seite der Rinne zur anderen, bis sich kurz vor dem Scheitel der ganze Körper in die Tiefe neigt - eigentlich folgt er nur dem Kopf, der sich zuerst hinunterfallen lässt - und dann die Füße und die Skier nachzieht. Dann geht es wieder lustig über die Rinnensohle hinunter und auf der anderen Seite aufwärts, bis die Skier fast stehenbleiben, wonach eine neue Neigung folgt usw. Ein faulenzerisches Hin-und-herfahren. (Vielleicht kommt es mir jetzt beim Lesen ein wenig kindisch vor, aber warum nicht, frage ich mich, denn wer kann das Spiel schöner geniessen, als es den Kindern gegeben ist.)

Wäre es nicht so früh, könnte man in diesem Natursolarium ein Sonnenbad nehmen - einfach aus der Bindung aussteigen und sich mit Skiern und Stöcken einen improvisierten Liegestuhl herrichten.

Die Fahrt setzt sich von hier über einige sanft gerundeten Kogel und Wälle fort; es wäre unverzeihlich einen einzigen von ihnen auszulassen, denn es ist ja nirgends so leicht die Skier flach zu drehen als obenauf, wo auf die Skier kein Widerstand einwirkt.
Im Übrigen ist inzwischen das Gefühl für die Skibelastung so feinfühlig geworden, dass während der Fahrt die sanfte Schneeberührung fast dem Schweben nahe kommt. Der Druck auf die Unterlage ist zart, niemals größer, als es nötig ist. Ein guter Skifahrer weiß, dass in der technischen Details des Schwingens nicht die ganze Skiweisheit steckt. Freilich, es ist fein, wenn man die Schwünge sauber beherrscht, gewiss, es ist nützlich die Technik zuverlässig zu meistern, aber es ist für das gute Skifahren genau so wichtig, dass der Skifahrer spürt, wie er mit der Schneeberührung umzugehen hat. Das steht zwar in keinem Lehrplan als betonte Grundforderung, doch im pulvrigen Schnee ist eine gewisse Zärtlichkeit unentbehrlich, genauso wie oben im Bruchharsch das Gegenteil nötig war, nämlich den Harsch wuchtig zu betreten. Erst ein feinfühliges Berührungsgefühl macht aus dem Skifahren ein gutes Skifahren.
Die enorme Bewegungsfreiheit und das fortdauernde Gleiten weckt das Gefühl des Fliegens. Der uralte Wunsch zum Fliegen ist alt wie die Menschenträume: sich einfach vom Boden zu lösen und den Rausch der freien Bewegung über die Erde zu erleben. Vielleicht zieht das Skifahren die armen Erdenbürger auch deswegen so an, weil es dem uralten Wunsch zum Fliegen am nähesten kommt.
Eine sorgende Mutter schrieb einmal ihrem Sohn in die Fliegerschule: "Bitte, flieg langsam und niedrig!" In der Fliegersprache bedeutet das die zuverlässigste Flugart, die zum Sturz führen muss. Auch beim Skifahren ist das nicht wesentlich anders: ein allzu langsames und zu vorsichtiges Skifahren erschwert wesentlich das Manövrieren.
Es kommt also immer auf eine gewisse Geschwindigkeit an, die erforderlich ist, um mit minimaler Kraft die Schwünge fließend zu steuern (ähnlich, wie wir das schon im Tiefschnee erfahren mussten). Es darf nicht täuschen, dass ein guter Demonstrator freilich auch mit der Zeitlupengeschwindigkeit alles exakt vorführen kann, doch verlangt solche Ausführung eine weitaus größere Konzentration und vor allem ein feinfühliges Können.

Da steckt so mancher Anfänger in der Zwickmühle: Fährt er zu langsam, so hat er Schwierigkeiten mit den Schwüngen, fährt er zu schnell, hat er Schwierigkeiten mit dem Gleichgewicht und seinem Anpassungsvermögen. Doch es gibt keine andere Möglichkeit, als sich Schritt für Schritt an die nötige Geschwindigkeit zu gewöhnen. Ohne dies bleibt jede Skitechnik schwerfällig.

Um jedes Missverständnis zu vermeiden: Jeder Skifahrer, der gute und erfahrene wie auch der weniger gute hat seine eigene Geschwindigkeitgrenze, bei der seine psychischen und physischen Fähigkeiten versagen. Das ist normal und es wäre ja dumm, sogar auch gefährlich diese Geschwindigkeitgrenze draufgängerisch zu übersteigen. Doch es hat bestimmt einen sehr guten Sinn, diese Grenze langsam und bewusst nach oben zu schieben, so allmählich, auf kürzeren Strecken mit gutem Auslauf, hin und her, so dass sich der langsame Gang nicht als schwerfällige Verpflichtung installieren kann. Warum ist das so wichtig? Weil sich nachher, nach etwas schnellerer Fahrt und wieder bei geringerer Geschwindigkeit die Entspannung zeigt. Der Skifahrer fährt sicherer, der Körper wirkt lockerer - und auf einmal hat der Mensch Zeit zur Terrainbeobachtung und bemerkt die andern Skifahrer, wie und wohin sie fahren - was alles ein sichereres, einfacheres und fließenderes Skifahren bedeutet. Der Skifahrer ist nicht mehr mit dem Kampf um das Überleben beschäftigt. So geschieht es, dass er zum ersten Male die Gelegenheit bekommt, seinem eigenen Tun zu lauschen und sich selbst zu beobachten. Die eigenen Bewegungen deutlich zu spüren. Und mit der Fähigkeit für die Bewegungsgefühle kommt allmählich auch das Gefühl für das Gleiten der Skier und für das Gelände.

Die Begegnung mit den ersten Lärchenbäumen und einsamen Sturmbaumstämmen ist wie die Begegnung eines Schiffes auf offener See mit den ersten Möven, den Vorboten des Festlandes. Diese Bäume kommen mir da oben wie vergessene Wachen vor, von denen keine mehr weiß, worauf sie aufpassen muss. Sie reizen mich mit herausfordernder Anziehungskraft, rund um sie halbkreisige Bögen in die immer dünnere, pulvrige Neuschneedecke hinein zu zeichnen. Unter dem Pulver ist die fest zusammengepresste Unterlage sehr deutlich spürbar. Die Skier lassen sich in aller Sicherheit von Baum zu Baum steuern, zuerst direkt auf den Stamm gezielt, als ob der Skier genau in die Mitte mit Krach und Wucht hineinhauen wollte, dann aber, im letzten Augenblick, scharf ausweichend und haargenau vorbei den Kreis

35

ziehend. Das mag ein verrücktes Spiel sein, ein unverantwortliches Verhalten, aber dennoch finde ich es für den schönsten Slalom, der je gesteckt wurde, und bei dem jeder Weg der richtige Weg ist, auf dem keine Kontrollposten lauern und keine elektronischen Zeitmesser die Lust mindern, wo es obendrein keine Disqualifizierten gibt. Nur ich selbst bestimme das Tempo, den Rhythmus, den Weg. Ist das nicht herrlich?

Allmählich sammeln sich die Bäume zum Wald. In die Stille ertönt die Baumsäge. Die Holzfäller rufen sich einige Worte zu, gleich dannach ist ein stumpfer Schlag zu hören, worauf wieder die Stille eintritt. Nur in der Erinnerung bleibt die Störung noch eine Zeitlang in der Luft hängen, als ein Zeichen des sich nähernden Hafens. Von einer Waldwiese geht die Fahrt an einem Bauernhof vorbei, wo aus dem Viehstall das Brüllen von Kühen zu hören ist. Draußen an der Wand ist das Schichtholz zum vergänglichem Ornament zusammengeschichtet. Hinter den kleinen Fenstern muss sicher ein gewölbter warmer Kachelofen stehen. Aus unserer Kindheit und aus der Märchen wissen wir ja, dass hinter solchen Fenstern ein warmes Zimmer mit einem warmen Ofen und einer Großmutter, die alte Geschichten erzählen kann, sein muss. Ist das nicht der Fall, dann muss auf der Welt irgendetwas sehr schiefgegangen sein, irgend etwas kann nicht ganz in Ordnung sein.

Jetzt biege ich in den langen Schlauch ein, der sich präparierte Piste nennt. Lauter abgehackte kahlen Flächen, über die spätnachmittags und abends die roten Rattracks hinauf und hinunter kriechen und mit ihren eisernen Gebissen die Unebenheiten angreifen, die im Laufe des Tages von vielen Skifahrern gemacht wurden.
Die Piste liegt noch im Schatten. Nur am Rande haben sich einzelne Sonnenstrahlen durch die Baumkronen durchgesetzt. Die Fläche ist glatt wie ein Tisch. Keine Löcher. Keine Buckel. Mit einigen Schlittschuhschritten stoß ich hinunter. Jetzt schneiden die Kanten wie Messer in Butter, die eben aus dem Kühlschrank herausgenommen wurde. Es sind nur wenige Skifahrer da, denen leicht auf die andere Seite auszuweichen ist, so dass mich die meisten überhaupt nicht bemerken. Hin und her muss ich aus der Ferne einschätzen, wohin der Skifahrer, der in der Mitte sein monotones Zick-zack schon angesetzt hat, plötzlich einbiegen könnte. Das ist aber alles, worauf aufzupassen ist. Trotzt der Sonnenbrillen gleiten über die Backen kalte Tränen, ein Gruß der Geschwindigkeit.

Es wird gecarvt. Schwung auf Schwung. Immer auf der Taillierung fahrend, sich gleich vor dem Beginn in die Kurve neigend und während des ganzen Ausfahrens ganz nahe über den Schnee hängend, die ganze Zeit scharf auf den Kanten stehend. Aus dem Schwung in den Schwung schnellend. Ist das nicht eine herrliche Schwungart! Nichts zu denken. Es kann eigentlich nichts schiefgehen: einfach den Innenski vorstossen und mit dem ganzen Körper in den Schwung hineinkippen, keine Außenkante kann unerwartet das Gleichgewicht stören, auf keine, der Alltagsmotorik fremde Körperbewegung ist aufzupassen. Nur schneiden, einschneiden in die Butter. Und sich freuen. Diese saubere, einfache, aber dennoch fantastisch erfolgreiche Skitechnik geniessen.

Mag sein, dass jemand das nicht versteht. Dass er das Neue nicht begreifen will. Vielleicht nur deswegen, weil es ihm um die gute alte Beinspieltechnik, der wir ein Lebenlang gedient und der wir unsere ganze Aufmerksamkeit gewidmet haben, leid tut. Auch ich war dieser Beinspieltechnik mit Leib und Seele ausgeliefert. Und ich habe sie trotzdem noch immer gern, obwohl sie uns viel viel Zeit genommen hat. (Manche verzweifelten auch, bevor sie im Stande waren, sie vollkommen zu beherrschen).
Ja, das waren eben diese zwei-drei Jahrzehnte, als nur das "einzig Richtige und das wissenschaftlich Belegte" galt. Soll ich das jetzt bedauern? Es waren gute und es waren harte Zeiten. Manchmal sind wir auch einfach weggelaufen, weg in die Umsteigetechnik, in die beschleunigende Renntechnik, den Rennläufern nach. Der Abstoßschritt mit der Schere. Das Kippen in die Tiefe. Die ständige Vorwärts-und Rückwärtsbewegung auf den Skiern, um sie dann vorjetten zu lassen. Man hat seinem Zorn gegen die vorgeschriebene Engführung der Skier in einer breiten Skistellung Luft gemacht, man ist sportlicher gefahren. Aber trotzdem fahre ich auch heute noch gerne - wenn ich Lust habe - die alte Beinspieltechnik. Wer sie einmal beherrscht hat, wird sie bestimmt nie ganz verlassen. Sie war und sie bleibt eine reizvolle Herausforderung. Doch das hält mich nicht ab, dass ich auch carve, am liebsten mit meinem RS Rennski. Freilich, das ist kein extremes Carven, obwohl die Kanten regelmäßig scharf geschliffen sind und die betonte Taillierung ein anständiges Einschneiden ermöglicht. Aber es ist jedenfals ein besseres Carven als es mit den meisten Skiern möglich ist, die eine Art Kastrierung zwischen den RS-Rennski und dem Extrem-Carvingski darstellen. Wenn ich schon auswählen muss, dann entscheide ich mich lieber entweder für den RS Rennski oder für den Extrem-Carvingski.

Ich gebe gerne zu, dass ich monatelang nur den extremen Carvingski mit großer Freude fuhr. Dann hat sich plötzlich eine Stimme in mir laut bemerkbar gemacht, dass jetzt - wo schon so vieles über die guten Eigenschaften dieser Skier in den Zeitungberichten gedruckt wurde - ich nicht zulassen wollte, dass mich der Carvingski zu seinem Sklaven macht. So fahre ich gerne mit ihm, aber ich weigere mich mit ihm die ewige Ehe zu schließen.

Noch eine Kette scharf eingeschnittener und abgerundeter Schwünge, dann muss die Geschwindigkeit verringert werden - nicht wegen meiner eigener Sicherheit - sondern wegen der Sicherheit der anderen Skifahrer. Drei rasche, hintereinander folgende Kurzschwünge mit kräftigen Kanteneinsatz - und schon kann man von einer harmloser, rücksichtsvoller Fahrt reden, in der es für jeden am Hang genügend Raum gibt.
So. Und was machen wir jetzt?
Ohne zu wissen, warum, macht die Hand den Stockeinsatz. Schön langsam mit gleich nachfolgender Entlastung. Dann wird das Gewicht auf den Außenski übertragen und der Ski leicht umgekantet und mit dem Knie und mit der Fußgelenk - recht altmodisch - sanft in den Schwung geführt. Eine weiche Knie- und Körpersenkung begleitet die zweite Hälfte der Schwungsausführung, so dass gerade dort, wo sich der neue Abstoß auslösen soll, die Knie in der tiefsten Lage bereit warten. Ist das nicht eine harmonisch koordinierte Bewegung? Und schon wiederholt sich die sorgfältig vorbereitete Prozedur für die nächste Entlastung nach oben und in die Richtung des neuen Schwunges. Und dann wieder nach rechts und wieder nach links, bis endlich dieses weiche, schwebende Abrunden und Aufkreisen seine magische Verhexung verliert. Es kommt mir vor, als wäre der Mensch die ganze Zeit in einer hermetisch abgedichteten Kristallgondel mitgefahren, peinlich darauf aufpassend, dass sich inzwischen ja kein Haar krümme.
.

Es musste mich ein unbewusster Ärger berühren. Ich fragte mich plötzlich : Musst du es wirklich so tun? Freilich muss ich es nicht so tun. Und ich will es auch nicht so tun. Um es zu beweisen, lasse ich die Knie plötzlich in der Kurve nach unten einsinken, der entspannte Ski klinkt sich blitzschnell aus und springt gleichzeitig aus seiner Spannung in die andere Richtung. Immer lebendiger, immer freudiger. Da gibt es keine Zeit um herum zu schauen, was gemacht werden sollte.

Aber der mittlere Teil des Hanges wird immer flacher. Die Skier werden langsamer und die Geschwindigkeit reicht nicht mehr aus um die Schwünge flott aneinander zu binden. Hat sich der Hang ein klein wenig lustig gemacht, um meinen Eifer abzukühlen? Mag sein. Also werde ichr nicht mehr einschneiden und werde den Bogen nicht völlig ausfahren. Die Skier müssen jetzt flachgelegt werden und flach gleiten. Aber sie werden trotzdem nicht schnell genug. Gut, dann werden wir die Geschwindigkeit aus den Reserven der Muskelkraft dazuliefern. An jedem Schwungende strecken sich die Beine energisch und der Körper schießt nach oben und mit kräftigem Abstoß vorwärts - so schnellen die Skier in den neuen Schwung. Bis sich endlich die Piste wieder steiler ins Tal neigt.

Das Gelände mit kleinen Unebenheiten brachte die Lust zum Schwingen mit Tiefentlastung (die Ausgleichtechnik): An jedem Bruch oder Buckel einfach das Gewicht absinken lassen, schnell in den Knien hinunter gehen, den Druck absorbieren und sich dann langsam strecken, so dass bis zum nächsten Buckel alles schon wieder zum Absinken bereit ist. Och, wie viele scharfe Worte wurden einst auch gegen dieser Herausforderung für nichts und wieder nichts verbraucht!!

Auf einmal kommt es mir vor, dass die Skier vorne etwas stärker belastet sind und dass die ganze Taillierung nicht gleichmäßig greift. Gleich wird die Körperlage korrigiert und der Schwerpunkt etwas nach hinten verschoben. Zu weit. Der hintere Teil nimmt jetzt der Schaufel die Führung weg. Das heißt mit dem Körper wieder ein wenig nach vorne. Es sind ja Kleinigkeiten, diese feinen Ausgleichbewegungen, aber das erfahrene Gefühl lässt sich nicht täuschen (oder wenigstens meint es, dass es so richtig ist.).

Im Übrigen fahre ich jetzt unter Kontrolle. Was ist schon unter Kontrolle, was früher nicht unter der Kontrolle war? Früher habe ich nur auf mich selbst aufgepasst. Jetzt sind auch alle anderen Mitfahrer einbezogen. Keinem darf von meiner Seite etwas zustoßen. So etwa lehrt der erste Paragraph der zehn FIS-Regeln für Skifahrer. Der gute Skifahrer muss heute mehr zurückschauen, denn meistens kommt die Gefahr von hinten. Solange ich schnell gefahren bin, konnte mich die Gefahr von hinten nicht einholen. Aber all zu oft ist es schon geschehen, dass ein guter Skifahrer, der sich verständnisvoll der Mehrheit angepasst hat, dann von einem rücksichtslosen Leichtsinnigen, der nicht einmal anhalten kann, von hinten weggeräumt wurde. Das sind eben die Nachteile der disziplinierten Rücksichtnahme...

Irgendwie fühle ich mich auf diesem glatten und vollbesetzten Übungsplatz verloren. Das Gelände drängt zu nichts. Verlangt nichts. Gibt keine Anregungen und ist mit allem zufrieden. Wie langweilig nach all dem, was an diesem wunderschönen Morgen schon geschehen ist. Wenn ich mich wenigstens ein bisschen produzieren wollte, irgend etwas vorführen wollte, wie so manche Skifahrer Lust haben. Aber ich habe keine Lust. Ich möchte nur möglichst bald unten sein.

Alles wird größer. Die sich nähernden Hotels und Gasthäuser werden größer. Die Menge wird größer. Sogar die Kornstücke des feuchten, grobkornigen Schnee sind größer; die Ski gleiten anders, drehen anders, lassen sich bei kleiner Geschwindigkeit anders führen. An dem entgegenliegenden sonnenseitigen Bergabhang zeigen sich schon die grünen Flächen mit blühenden Schlüsselblumen.

Der Frühling kann nicht mehr weit sein. Nur noch hoch oben, unter den Steilhängen, wird er noch lange auf sich warten lassen.

x

Ich weiß nicht, ob es mir gelungen ist zu schildern, warum eigentlich die Skitechnik so unentbehrlich ist, warum sie auf unseren Fahrten vom Hochgebirge ins Tal hinunter so bitter nötig gebraucht wird. Ein Jüngling voller Jugendskraft wäre vielleicht auch ohne Skitechnik durchgekommen, bloß mit seiner rohen Körperkraft und draufgängerischen Natur, nicht so spielerisch, nicht so lustig und bei weitem nicht so sicher und problemlos. Aber, nehmen wir an, er hätte sich trotzdem irgendwie durchgeschlagen - kann das schon ein hoher und harmonischer Genuss sein? Für einen andern, schon gar für einen Älteren wäre die beschriebene Fahrt ohne die entsprechende Skitechnik oder ohne die entsprechende Skiausrüstung und die Körperkondition vollkommen unmöglich.

Deswegen haben wir Skischulen und Skitechnik und ausgearbeitete methodische Lehrwege. Deswegen werden Bücher geschrieben - und zuletzt - deswegen wollen die meisten Skifahrer auch immer wieder noch etwas dazu lernen. Nicht um "richtiger" skifahren zu können, sondern um besser, leichter, fließender die Ski zu beherrschen - weil das schön und sicher ist und weil es uns beglückt.

Eine neue Lust für die Jugend: Attraktion statt Romantik.

Der im Weltcup "silberne" Bojan Križaj machte sich auch als Freizeitskifahrer in den rauhen Schneeverhältnissen keine Skrupel.

Richtig und falsch -
was ist schon richtig?

Einst, als junger Skilehrer und frisch gebackenes Mitglied des nationalen DemoTeams nahm ich an einem Ausbildungsseminar nicht weit vom Loiblpaß teil. Nebenan, auf einer Schneefläche am Rande, hatte sich ein kleiner Knabe einige Fichtenästchen als Slalom-Tore gesteckt.

*Der Junge fuhr seinen Slalom mit solch faszinierender Leichtigkeit, dass ich meine Bewunderung wahrscheinlich etwa zu offen gezeigt habe, denn auf einmal traf mich der strenge Blick unseres guten Mentors. Gleich danach wandte sich er den anderen zu und sagte: "**Der Kleine hat überhaupt keine Ahnung vom richtigen Skifahren.**"*

Keiner traute sich der obersten Autorität zu widersprechen. Wahrscheinlich dachte jeder von uns heimlich, dass unser Beobachtungsvermögen noch nicht ausreichend geschärft ist und dass wir irgenwelche Fehler übersehen haben.

> **Dreizehn Jahre später wurde das kleine Kerlchen einer von der berühmtesten Skirennläufer der gesamten Weltelite, Bojan Križaj...**

Warum erzähle ich diese alte Geschichte?

Weil ich nachher beim Skiunterricht nie wieder über die Begriffe "richtig" und "falsch" gesprochen habe. Ich wollte nicht nur vorsichtiger werden, oder wenn sie wollen, gerechter sein bei der Bewertung des Talentes; ich wollte vor allem die Schönheit des Skifahrens nicht mit so problematischen Einschätzungen, wie sie

eben die Worte richtig und falsch mitschleppen, belasten.

*Seitdem versuche ich meine Bemerkungen mit anderen Worten zu erklären, z.B.: "**weniger anstrengend**" (was den Älteren verständlicher und sympathischer vorkommt), oder: "**kraftsparend**"...; keiner ist auch gegen **zuverlässigere** und **sicherere** Bewegungen; jüngere Leute hören gerne, wenn man sie mit Worte **lustig** und **schneller** anregt; alle möchten auch **gefühlvoll** und **rhythmisch** fahren; warum auch nicht **leichter?** Und warum nicht einfacher, wenn es geht? Dass keiner **gefühllos** oder **schroff** auf den Brettern stehen will, ist jedem klar. Alles ist besser als die unglücklich kategorische und so oft ausgesprochene Worte **richtig** und **falsch**, die eigentlich nur als kodierte Vorstellungen in Skilehrerkreisen verständlich sind.*

Vielleicht hat gerade dieses Erlebnis auf dem Schneefleckchen am Loiblpaß zu meiner späteren Überzeugung beigetragen, dass jede Skitechnik, die den Skifahrer vom hohen Gipfel sicher, schnell und mühelos ins Tal hinunter bringt, eine gute Skitechnik sein muss - egal, ob sie von der momentanen Ski-Elite gelobt oder getadelt wird.

Gewiss, im Laufe der Zeit lernte jeder, dass eine breite technische Fähigkeit, mit verschiedener Schwungarten und vielseitigen Feinheiten dazu hilft, dass der Skifahrer in jeder Situation, in die er gerät, in jedem, noch so schlechten Schnee und in jedem Gelände gerade das Geeignetste aus seinem Könnensrepertoire auswählen kann.

Und nun zurück zum Beginn dieses Kapitels: Wäre in damaligen Zeiten ein Wunderknabe von dem höchsten Berg nur auf einem Ski ins Tal hinuntergesaust, hätte dabei aber nur den Kleinfinger ein bisschen anders gehalten, als es für die braven Skigläubigen von den Maßgebenden in damaliger Ski-Meka vorgeschrieben war, so könnte er gleich alle seine Hoffnungen, jemals ein guter Skifahrer zu werden, begraben.

> **Ich bin überzeugt, dass sich so etwas nie mehr wiederholen kann. Dabei bin ich aber nicht so sicher, dass nicht hier oder dort jemand in Versuchung geraten könnte, für sich ein bisschen mehr Macht zu beanspruchen, um zu bestimmen, was das einzig Richtige sein muss, zu verschaffen.**

Eine dumme Frage: Welche Skitechnik ist die beste?

*E*ines Abends saß ich in den Vereinigten Staaten mit einem Businessman aus Milwaukee beim Abendessen. Der Mann hatte mich eingeladen, um mit mir die Frage der besten Skitechnik zu erörtern.

Es waren eben die verwirrenden Zeiten, als die Hälfte der Skiwelt noch rein "österreichisch" gefahren ist, während die andere Hälfte ihren Glauben an die französische, italienische, deutsche und schweizerische nationale Fahrweise setzte. Jede Nation, die zwei Bretter für das Skifahren benützte, war stolz auf ihre eigene "Nationaltechnik". Sogar die sonst so vernünftigen Amerikaner fuhren zu dieser Zeit vorwiegend ATM - American Teaching Method. Und da sich mein Gastgeber eben entschlossen hat, dass er sich während der Weihnachtsferien die Kunst des guten Skifahrens beibringen lassen wird, wollte er das Erlernen mit keinem falschen Schritt anfangen. Deswegen saßen wir also dort. Das Essen war gut.

Vielleicht wollte ich auch deswegen keinen wichtigen Ski School Director spielen, der nur das Allerbeste anzubieten hat.

Anstatt vielversprechender Selbstreklame bemühte ich mich, ihm ganz ehrlich zu erklären, dass "...meines Wissens alle Spitzenrennfahrer der Welt die gleiche Skitechnik verwenden, egal von woher sie kommen. Wenn sie siegen wollen, bleibt ihnen keine andere Wahl, als die schnellste der zur Zeit bekannte Technik zu verwenden. Nur die ist für sie schnell genug. Alles andere ist für die Weltelite wertlos."

Wir aßen schweigend eine Weile, weil er die Enttäuschung in aller Ruhe verdauen musste.

"Schauen Sie," setzte ich dann fort: "Es geschieht zwar immer wieder, dass der eine oder andere Rennläufer etwas Neues versucht, manchmal ganz unbewusst, nur intuitiv. Gelingt es ihm aber aus dem Versuch etwas Nützliches zu entwickeln, dann ist gleich das ganze Kaffeehaus dabei. Es kann ja auf der offenen internationalen Szene gar nicht anders sein. Genauso, wie es auch keine nationale Wissenschaft geben kann, denn entweder ist sie kompetent und offen über alle Grenzen, oder sie ist überhaupt nicht das, wofür sie sich ausgibt."

Nachher haben wir uns geeinigt, dass die Bergsteiger und Tourenfahrer eine ganz andere Skitechnik brauchen, als wie sie die Schnellgleiter auf den präparierten Pisten brauchen. Auch im Tiefschnee schwingt man wesentlich anders als auf dem Glatteis. Zudem wäre es unsinnig, im flachen Gelände die Schwünge scharf auf der Kante zu schneiden, dort wo der Ski schon sowieso zu langsam läuft. Und auch umgekehrt: Auf dem harten Steilhang wäre es selbsmörderisch mit flachgelegten Skiern herum zu paradieren. Schließlich wird ein Senior alle Vorzüge und Nachteile irgendwelcher Technik mit einer anderen Priorität bewerten, als sie für das motorisch begabte Kind oder für den Rennläufer mässlich ist.

"Damit möchte ich sagen, lieber Herr Soundso," steuerte ich die lange Rede auf das Wesentliche zu, "dass ich sie erst dann beraten könne, wenn sie mir sagen, wieviel sie lernen wollen, wofür sie ihre Geschicklichkeit benutzen möchten und wie hoch eigentlich ihre Ziele liegen. Letzten Endes könne ich ihnen auch sämtliche Nationaltechniken vorführen, um sie ganz zu beruhigen, dass uns nichts Nennenswertes entgangen ist."

Wir haben dann dem Mann in unserer Skischule eine ziemlich hohe Ebene des Skifahrens beigebracht, mit dem er zufrieden war.

Kurz zusammengefasst: Die Frage, welche Skitechnik als die beste Skitechnik bezeichnet werden kann, ist auch heuzutage eine dumme Frage - solange ihr das wesentlichste fehlt:

> Für wen?
> Wo?
> Wann?
> Und weshalb?

Erst dann bekommt die Frage einen Sinn, so dass man die Antwort nach der besten Lösung suchen kann.

Auch diese Skitechnik ist eine perfekte Technik, doch nicht für jeden Mensch auf der Welt und schon gar nicht als die einzig richtige für alle Zeiten.

Freundliche Skischule, die sich nicht zu fragen schämte

Als ich in dieser Zeit meine eigene Skischule in den USA leitete, hatte ich das Privileg, mehrere außerordentliche Leute kennenzulernen. Nicht selten waren die Erkenntnisse aus ihrem Fachgebiet in irgendeiner Form auch für die Skischule von nützlicher Bedeutung. Außerdem durfte ich viele eigene Vorstellungen ausprobieren. Wenn sie sich bewährten, haben wir sie in unser Schulprogramm eingeschlossen, was später wieder von großer Bedeutung für die weiteren pädagogischen Ansichten der Skischule war.

Es war in der Regel Pflicht, dass alle unsere Skilehrer noch vor dem Unterrichtsbeginn mit ihren Klienten die Frage besprochen haben, was die Leute eigentlich von dem Skikurs erwarten:

"Möchtet ihr möglichst schnell für die Liftfahrt befähigt werden, um schnell die leichteren und mittleren Strecken befahren zu können - oder wollt ihr lieber den etwas gründlicheren Weg gehen und von Anfang an alle Elemente der Skitechnik gründlich erlernen, um später ein besserer Skifahrer zu werden?"

Je nach dem Wunsch wurden dann die Grundklassen zusammengestellt.

x

Ich weiß schon: eine häretische Entscheidung eines häretischen Denkens!

Einige Jahrhunderte zuvor hat man Leute für so etwas noch dem Feuertod überantwortet. Die klugen Herren von damals waren sich des Domino-Effektes wohl bewusst: Sie wussten, ein häretischer Gedanke ruft gleich den anderen häretischen Gedanken hervor.

Richtig. Auch in der Skischule ging es uns ähnlich, obwohl keiner die Perfektion einer guten Skitechnik ruinieren wollte. Und auch die vorgeschriebene Methodik, die dem Skilehrer den Weg zeigen sollte, auf welche Weise dem Lernenden verschiedene Elemente der Skitechnik beizubringen seien, war so sorgfältig durchdacht, dass man sie eigentlich nur bewundern konnte. Was war dann der Grund für die Suche nach dem eigenen Weg?

Da haben sich täglich Skikursteilnehmer, vollblütige Anfänger, in der Skischule angemeldet, die schon voraus wussten, dass sie im ganzen Winter nicht mehr als zwei oder höchstens drei Tage dem Skifahren widmen können.

Da stellte sich die erste häretische Frage: Warum sollten sich solche Leute durch alle Stufen des einheitlichen Skikatechismus ziehen lassen? Müssten sie wirklich ohne Gnade gedrillt (und gelangweilt) werden, wie dies eine Programmkommission für sie irgendwo irgendwann vorgeschrieben hat?

Wir wussten, dass die "richtige" Antwort lautet: Ja, das Ausbildungsprogramm darf keine willkürlichen Einfälle dulden.

Und doch sagte uns unser professionelles Gewissen, dass eine professionelle Skischule mit ihren straffen Vorstellungen dem Besucher nicht den Tag verderben darf.

Diese Frage war (und ist noch heute) kein Produkt der sophistischen Spinnerei. Ich habe sie an dieser Stelle ins Spiel gebracht wegen all jener tausender und abertausender Anfänger, die nach einem zweistündigen Unterricht fähig waren, die leichte Piste neben dem langsamen Lift zu benutzen. Sie haben bis Ende des Tages 10 oder 15 Kilometer befahren. Und sie haben nicht nur mit dem Stemmbogen herumgedreht, sondern viele auch schon mit einer Art von schlampigen Stemmchristies (Stemmschwüngen). Sie waren überglücklich. Sie sind herumgefahren und haben gedreht. Für sie war "Christy" ein Begriff. Ein traumhaftes Begriff. Egal, ob er mit ein wenig Stemmen und ein bisschen schlampig ausgeführt war.

Oder war das "falsch" und war das eine große Sünde?
Ich muss an Horst Abraham (ein in Europa geborener Amerikaner und später der ehemalige Vizepräsident der PSIA - Professional Ski Instructors Assossiation of Amerika) denken, wie er als junger staatlich geprüfter Skilehrer in der Kitzbühler Skischule entlassen wurde, weil er nach einigen Tagen des Unterrichtes dem allgemeinen Wuntsch der Gruppe nachgegeben hat und mit ihr eine mittlere Strecke (die die meisten schon früher alleine befahren haben) zusammen und unter voller Kontrolle befahren hat.

"Verletzung des Lehrplanes", hieß es in dem Entlassungsschein. Freilich haben auch wir öfter darüber gesprochen, ob wir nicht bloß (besser gesagt, zuviel) "halbgemachte Skifahrer" produzieren? Da gab es nichts zu verbergen - aber sie haben in kurzer Zeit doch viel gelernt - und sie wollten auch keine bessere Skifahrer werden! Sie hatten daran kein Interesse.

Was konnte da die Skischule ändern? Sollte sie alle derartigen Skifahrer nach Hause schicken?

Anderseits schuf sich die Skischule weitherum das große Ansehen, dass man hier spielend und schnell lernt. Schließlich sind rund zehn Prozent von den Klienten später zurück gekommen, um noch einiges dazu zu lernen.

Gewiss, die große Mehrheit ist glückselig entschwunden, zufrieden, dass sie schon am ersten Tag fähig war Ski zu fahren. Mehr wollte sie nicht. Und die Skischule hat diesen Wunsch respektiert. Ich bin noch heute fest überzeugt, dass es für einen guten Skilehrer kaum ein tieferes Vergnügen gibt, als wenn er seinen Schülern, denen er erst vor einigen Stunden gezeigt hat, wie man in die Skibindung einsteigt, zuschaut, wie sie glücklich herumkurven.
Und noch etwas haben wir gelernt: Diejenigen, die zurück kamen, um mehr zu lernen, waren nach ihren befahrenen Kilometern viel schneller fortgeschritten als diejenigen, die zuviel Zeit mit einer sauberen Ausführung der Grundelemente verbracht hatten.

Der lange Weg zur Besinnung

Etwas haben die Skifahrer in aller Welt seither gelernt: Man spricht wenigstens nicht mehr mit feuerroten Wangen über die eigene und einzig richtige Skitechnik, diesem Objekt des gekränkten nationalen Stolzes.

Hinter dem ehemaligen Streit um die allerbeste Skitechnik donnerte eigentlich nur der verbissene Kampf zweier Staaten, die im Namen ihrer skitechnischen Überlegenheit für die wirtschaftliche Vorteile zweier mächtigen Wirtschaftbranchen - des Fremdentourismus und der Sportindustrie - kämpften. Aus dieser Hinsicht war die Auseinandersetzung freilich völlig legitim und ganz im Sinne des freien Marktes. Warum sich aber die ganze Welt in diesen heiligen Prestigestreit hineinziehen ließ und ihren Gläuben an diese oder jene Seite so leidenschaftlich rechtfertigen musste, bleibt dem vernünftigen Menschen unfaßbar.

Heutzutage, da sich die internationale Berufsskilehrerorganisation und auch viele nationale Verbände so hartnäckig weigerten, die Entwicklung der Skirenntechnik und der neuen rekreativen Skitechnik anzuerkennen, muss der Gedanke immer wieder zur ruhmlosen Vergangenheit zurückkehren und man muss sich fragen: Lieber Gott, warum?

Doch, man kann den Unterschied zwischen damals und heute nicht übersehen: Damals waren die Gläubigen uneinig, geteilt in zwei unnachgiebige Lager. Jetzt hingegen herrscht eine auf Kongressen gebilligte Einigkeit, die den führenden Leuten die Macht gibt, dass sie keine selbstständige Meinung dulden. Alles ist schon erläutert, bewiesen, gedruckt und mit großer internationaler Mehrheit abgesegnet worden. Punkt. Jeder, der sich nicht gehorsam in die große einstimmige Gemeinschaft eingliedern lässt und nicht das schon hundertmal Wiederholte noch einmal mit Begeisterung wiederholen will, ist verdächtig. Der schöpferische Geist ist nicht nur bedenklich, er ist als ruhestörendes Objekt anzusehen. Er muss deswegen diszipliniert werden. Wenn das nicht gelingt, folgt die stille Exkommunikation.

Als der Autor, zusammen mit dem ehemaligen Chef des slowenischen Ex-Demoteams Iztok Belehar, vor fünf Jahren ein umfangreiches, sehr aufmerksam durchgedachtes Buch "Wieder Schwung zum Hang, nein, danke"* veröffentlichte, hatte sich die heimische Führung des Skilehrerverbandes in dem Ausmaß betroffen gefühlt, dass sie an der Skimesse in Krain für das Buch ein Verkaufsverbot erteilt hatte.

Es handelte sich nicht um die Verletzungen der Ethik oder um unfachliche Äußerungen - verletzt war die Kompetenz! Und das reichte aus. Die Kompetenten fühlten sich bedroht.

Das Buch entstand in der Zusammenarbeit mit dem Direktor der gesamten slowenischen Alpinmannschaften, dem Cheftrainer der A Mannschaft der Herren, dem Slalomtrainer für Damen, dem Damen-Trainer für die schnellen Disziplinen und mit vielen wissenschaftlichen Beratern der Rennmannschaften und Experten aus verschiedenen Bereichen wie Skiproduktion, Pädagogik, Psychologie, Psychiatrie, Physiologie, Physik, Sport usw.

Deswegen schrieb der Autor etwas später in sein Carvingbuch, das die Radialtechnik und den Carvingski behandelte, diese ungewönliche Einleitung nieder: "...Mit diesem Buch versucht der Autor keinen ketzerischen Skiglauben unter seinen Lesern zu verbreiten...Anders gesagt: Eine Schrift über das Skifahren ist bestimmt kein Angrif auf die Autorität bedeutsamer Einzelmenschen und schon gar nicht an die Zuständigkeit der Institution, die für die Ausbildung neuer Fachkräfte sorgt, es ist bloß ein Beitrag zu unserem gemeinsamen Wissen und Verstehen des Skifahrens. Eigentlich zu blöd, dass man so etwas besonders betonen muss."

Nur einige Monate später wurde in Begunje eine Besprechung der Skifachleute einberufen, an der angesehene Leute - samt Vertreter des Skilehrerverbandes und der Fakultät für Sport (Lehrstuhl für das Skifahren) - teilnahmen.

Das Endergebnis dieses Treffens konnte in zwei wesentliche Punkte zusammengefaßt werden:

1.) Der starktaillierte Ski, der sogenannte Extremcarver, muss kein Anlaß dazu sein, die Frage einer neuen Skitechnik zu erörtern...

2.) Der neue Carvingski braucht im Unterricht keine neue methodische Zugriffe, solange die bisherige Skitechnik und Methodik vollkommen ausreichen...
Es war also alles in bester Ordnung, so wie es war...

Noch im selben Jahr, als unsere Teilnehmer vom ISIA Seminar in Zermatt zurückgekommen waren, wo das Thema Carven und der Carving-Ski in überraschender Eile auf die Tagesordnung gebracht wurde, geschieht der große Salto mortale: Dieselben Leute berichteten stolz in der Zeitung, dass "...die Welt unseren Skilehrern die Anerkennung gab, neben den Schweizern in der Weltspitze zu sein, betreffend die Erkenntnisse der Skitechnik und Methodik beim Untericht mit dem starktaillierten Carving-Ski..."

In verständlichere Sprache übersetzt lautete das so: Was bis dorthin nicht existieren durfte, wurde auf einmal als das Prachtstück des eigenen Könnens vorgestellt - zwar noch nicht ganz klar definiert, doch mit dem Versprechen, dass "die Skilehrer und Trainer vor dem Saisonbeginn noch bis in das Einzelne instruiert werden..."
Man braucht also keine Änderungen, aber wir haben sie fest im Griff!...

Lehren nur aus den Fehlern zu ziehen - das ist die traurige Seite des Lernens. Die angenehmere Hälfte des Lernens aber besteht aus rechtzeitigen Wahrnehmungen - egal von welche Seite sie auch kommen!

Das Wiederholen des schon so oft Wiederholten

Ich weiß nicht, ob anderen auch so unbehaglich zumute ist, wenn man verschiedene neue Lehrpläne durchblättert. Meistens sind nur die Reihenfolge und die Benennung "ausgebessert". Dann wird Punkt auf Punkt neu gezählt, wie etwas, was schon längst bekannt ist, im Sinne der neuen Anweisungen gemacht werden muss.

Auch in der Methodik unterscheidet sich kaum etwas von der Steinzeit des sportlichen Skifahrens. Die meisten "Übungen" schleppen sich noch aus der Zeit dahin, als noch alles "zu Fuß" gemacht wurde, als der Ski noch mehr oder weniger ein steifes Brett war und die Piste kaum etwas mehr als eine roh befahrene Wiese. Da stimmt etwas nicht, grübelt der Verstand.

Die Skipisten sind inzwischen Autobahnen geworden, breit präpariert und glattgebügelt, die Skilifte ermöglichen bis zu 5o befahrenen Kilometer am Tag und der neue Ski kann von selbst in die Kurve einbiegen. Die Skischule kann doch heute mit den Leuten nicht mehr so umgehen, wie sie sie einst behandelt hat.

Gut, nehmen wir an, dass die braven Unterrichts-Amateure nicht dafür verantwortlich sind, da sie in ihrer gutwilligen Arbeit noch nicht schnell genug fortgeschritten sind.
Wenn man aber den Professionellen und den Berufskischulen das Gleiche vorwerfen kann, dann bedeutet dieser Vorwurf, dass sie sich wesentlich von den Professionellen im Rennsport unterscheiden. Dort sorgt nähmlich eine unbarmherzige Konkurrenz dafür, dass sich das Gestrige nicht in unveränderter Form in das nächste Jahrzehnt fortsetzen kann. Das Verhalten der führenden Leute in den Berufskischulen zu den neusten Erfahrungen der modernen Pädagogik, Psychologie und auch zu den aktuellsten Forschungen kann aber kaum anders als eine vollkommene Ignoranz genannt werden.

Man fragt sich, ob die feschen und schöngebräunten Maestros und Skilehrer und Ski Instructors, oder wie wir uns schon sonst nennen, nur wegen unzureichender Ausbildung oder mangelnder Interessen so stumpf und ohne neuen Ideen sind - was noch das Beste wäre. Oder ist diese Gleichgültigkeit nur die Folge einer privilegierten Position?

Denn offensichtlich dürfen sie ihren Kunden alles, auch schon längst Veraltetes, anbieten, weil sie sich nur nach dem, was für sie das Günstigste ist, richten. Sie brauchen nicht erfinderisch zu sein, wie die Angestellten in der Industrie es sein müssen. Sie brauchen sich auf keinem angrenzenden Gebiet noch zusätzlich auszubilden. Es genügt, was zunftgemäß ihr Dachverband vorschreibt. Sie können stoisch warten und ihren Kunden weiterhin das Alte verkaufen.

Wie lange wird sich das noch ausgehen? Bestimmt so lange, bis sie im Lehrwesen keine Konkurrenz zu fürchten haben.

Denn die Staatlich geprüften Skilehrer sind ja diejenigen, die selbst die Kriterien für ihre eigene Reproduktion vorschreiben. Sie bestimmen durch ihre Vertreter im Dachverband auch die Kriterien für die Verlängerung der Lizenz. So entscheiden sie praktisch über alles. Und so schließt sich der Kreis. Außerhalb der Zunft kann keine Konkurrenz nahe kommen.

Wenn nicht etwas ganz Besonderes vorkommt - aber was könnte schon ganz Besonderes vorkommen? - werden die Autoren ähnlicher Bücher nach zehn Jahren ruhig dieselben Vorwürfe schreiben können. Der Pessimismus ist um so berechtiger, weil mit der Lage alle direkt Betroffenen im Ort oder in der Region zufrieden sind: die Hoteliers, die Touristvereine, die Skischulen, die internationalen und nationalen Dachverbände mit ihren maßgebenden Experten und schließlich auch die Touristen selbst, die von einem Ski-Mekka zum anderen wandern.

Es herrscht - durch die internationale Verabredungen gesichert - überall das Gleiche. Alles ist demokratisch abgestimmt, vereinheitlicht, mit verschiedenen "Test international" geregelt - also kann sich keiner beschweren. Sogar Horst Abraham, der einige Jahre in internationalen Kreisen für frischen Wind gesorgt hat, ist langsam müde geworden. Nachdem er seine revolutionären pädagogischen Erfahrungen eine Zeitlang lieber der amerikanischen Armee zur Verfügung stellte, hat er sich schließlich selbständig gemacht und arbeitet als ein Unternehmer, der seine fortschrittlichen Programme an die Wirtschaft und an die Verwaltungen für gutes Geld verkauft, wo sie wenigstens gesucht, geschätzt und gut bezahlt werden.

Vielleicht ergibt sich aus dieser Perspektieve eine kleine Hoffnung auch für das Skilehrwesen. Vielleicht kommt eines Tages ein Horst Abraham oder einer seinesgleichen, der, nachdem er gutes Geld verdient hat, nun sein Kapital in eine ganz anders organisierte Musterskischule* investiert, um zu zeigen, dass auch im Skilehrwesen das Geld an den verschneiten Hängen liegt, nur darf man nicht blind wegschauen und gefühllos darüber hinweg stampfen.

---

*Wenn jemanden die Skischule von Abrahams Träumen interessiert und er mehr darüber erfahren will, der soll dessen Buch Skiing Right auf der Seite 68 aufschlagen. Dort wird er unter dem Titel "My Ideal Ski School" und unter dem Motto: When all you have is a hammer, everything in life looks like a nail, eine atemberaubende Beschreibung finden, die sich vielleicht doch einmal verwirklichen lässt. (Skiing right, Horst Abraham, Johnson Books, 1983, Boulder, Colorado)

Horst Abraham, eine besondersgeartete Skilegende, versuchte mit seinem Wissen zweier Fakultäten dem internatonalen Skilehrwesen eine neue, moderne Denkart zu verpassen - leider umsonst.

Von Clif Taylor bis zu den wissenschaftlichen Zaubereien

Die meisten Skifahrer wollen nicht begreifen, dass das Können in die Füße hinunter und in den ganzen Körper hinein muss Statt dessen quälen sie lieber ihren Kopf, der schon sowieso zu eifrig mitwirkt - und der damit alles verdirbt.

Das ist kein Witz. Die wissenschaftliche Neurologie hat diese Behauptung schon vor 20 Jahren gründlich bearbeitet. Und erklärt. Wenn so viele Skifahrer noch bis heute nichts davon gehört haben, dürfen sie mit Recht enttäuscht sein. Es ist auch kein Wunder, dass sie ihr skifahrerisches Können nur mühsam und nur bis zu einer nicht ganz vollkommenen Ebene aufgebaut haben. Sie waren eigentlich dauernd enttäuscht. Sie haben sich ehrlich bemüht, um mehr zu wissen und vor allem die gegebenen Anweisungen richtig zu verstehen.

Leider war es so: Je mehr Biomechanik und Dynamik und anderes, methodisch gut belegtes Zeug man in ihr Gehirn hineinstopft, um so hilfloser wurden sie am Hang.

Horst Abraham fragte einmal in einem Seminar: "Habt ihr euch schon einmal gefragt, warum die Bewegungen einer jungen Möwe beim Fliegen so fantastisch koordiniert sind?"
"Weil die jungen Möwen nicht denken können," hieß seine Erklärung.

Bitte nicht aufseufzen: Erzähl uns keine alten Geschichten! Ja, ich gebe gern zu: Diese Geschichte ist in der Tat zwei Jahrzehnte alt - aber sie ist trotzdem bei den meisten Skilehrern Europas noch nicht angekommen.

Es war Sommer 1981, als Roger W. Spery den Nobelpreis für seine wissenschaftlichen Studien über das Funktionieren der beiden Gehirn-Hemisphären erhalten hat. Die linke Hemisphäre, also die "sprechende", denkende, analytische, rechnende u.s.w. ist in der Skischule (so wie auch allgemein in jeder Schule und in jedem Lehrwesen) noch heute bevorzugt - obwohl die rechte Hemisphäre, also die "nichtsprechende", die intuitive, ganzheitliche und fühlende gerade für die Motorik, besonders für die rhythmischen Bewegungen, die zuständige ist.
1982 schrieb Horst Abraham in dem Preface zu seinem Buch **Skiing Right:** "Es war für mich aufmunternd, dass ich schon im Wagen saß, noch bevor einer da war."
Nämlich, schon 1983 verwendete er in seinem Buch Sperys Erkenntnisse, angepasst an das Skilehrwesen. Das Ergebnis dieser Kreuzung ist ein höchst intelligentes und interessantes Lehrbuch, seiner Zeit - wie heute zu sehen ist - um Jahrzehnte voraus.

Ich kann leider nicht behaupten, auch schon in einem solchen Wagen gewesen zu sein, ehe der da war. Doch wurde mir erst mit Horsts Buch Einiges klar, was ich früher nicht ganz verstanden habe, obwohl ich mich beim Unterricht intuitiv gegen viele Anweisungen der alten Skischule gewehrt habe. Z.B.: Es war für mich immer ein Rätsel, wie der Anfänger das Skifahren schnell lernen sollte - wenn er während jeder Unterrichtsstunde eine halbe Stunde bloß zuhören und zuschauen musste, (was der Skilehrer vorgezeigt hat und die anderen nachgemacht haben), 25 Minuten steigt er langsam hinauf, um seinen Platz in der Reihe wieder einzunehmen. So verbrauchte er höchstens - wie wir einmal mit der Uhr ausgemessen haben - zwei bis drei Minuten für das effektive Skifahren (wenn man die Übungen an dem kurzen Abschnitt Skifahren nennen dürfte). Während eines dreistündigen Unterrichts kam der Anfänger so auf 6 bis 9 Minuten Skifahrt!
Es müßte ein Wunder geschehen, wenn bei solcher Intensität jemand das Skifahren lernen könnte - egal wie perfekt der Skilehrer seine Vorführungen ausgeführt hat und wie oft er alle Fehler seinen Kursteilnehmern aufgezählt hat.

Deswegen hörte man nicht so selten im Skilehrerkreis die spöttische Bemerkungen, dass jemand **schon** zum dritten Male im Skikurs gewesen war, aber trotzdem nicht fähig ist, die einfachste Piste zuverlässig hinunterzufahren.
Um ehrlich zu sein: Es waren auch damals vernünftige Skilehrer, die auf solche Beschwerden mürrisch zugegeben haben: "**Man**

sollte den Skilehrer in die Skischule zurückschicken, statt über die unbegabten Schülern zu jammern."

Es wäre nicht korrekt der Skischule vorzuwerfen, dass sie aus lauter Bosheit so steif war. Es wurde ja jedem Verbandsmitglied so oft ans Herz gelegt, nein, es wurde uns in die Köpfe eingehämmert, es sei kein richtiger Fortschritt möglich, solange der Schüler nicht die frühere Stufe gründlich absolviert hat. Nur auf diese Weise, so hieß es, ist der saubere Weg zur exakten, fehlerfreien Skitechnik frei.

Wenn am Anfang des Wedelns und der Beinspieltechnik ein solches Ungeschick noch verständlich war, gab es später, sagen wir in den letzten 20 Jahren, keine Entschuldigung mehr für ein solches Debakel. Zu dieser Zeit stand ja schon eine ganze Menge von guten pädagogischen Büchern zur Verfügung, da waren viele ernsthafte Forschungen über die Lernprozesse und Lehrkonzepten im Gange. Leider haben sich nur wenige Skilehrer über solche Fortschritte ernste Gedanken gemacht.

Obwohl am Anfang dieses Kapitel gesagt wurde, dass das Skiwissen in die Füße hinunter muss, bedeutet das für die Skilehrer allerdings nicht, dass auch sie ihr ganzes Wissen nur in den Füßen herumfahren sollen. Es muss auch etwas oben im Kopf bleiben, wenn sie ihr pädagogisches Wissen an ihre Schüler übertragen wollen.

Kein Anfänger und auch kein fortgeschrittener Skifahrer kann sich spontan den Hang hinunter bewegen, wenn gleichzeitig seine linke Gehirnhemisphäre mit den Anweisungen okkupiert ist, was er zu tun hat, was er nicht machen soll, auf was er besonders aufpassen muss, woran er denken soll, wohin er zu schauen hat. Mit einem Wort:

Der arme Skifahrer war oft mit lauter guten Anweisungen so bombardiert, dass er kaum noch wusste, wo oben und wo unten war (von dem äußeren oder inneren Ski, Arm, Fuß oder Stock ganz zu schweigen).

Seine rechte Gehirnhemisphäre - die laut Sperys Forschungen die einzig zuständige Gehirnhälfte für das motorische Kommando verantwortlich ist - war nämlich durch die aggressive Einmischung der linken Hemisphäre stillgelegt, total blockiert und dadurch unfähig ihre Aufgabe zu übernehmen.

Wenigstens die guten Trainer wissen es schon lange, dass die Korrekturen bei den Rennläufern nur dann optimal wirksam sind, wenn der Trainer sie ihnen in der Form verschiedener Aufgaben mitteilt und nicht als wörtliche Anweisungen, über die sie während der Fahrt nachdenken müssen.

Deswegen gibt es heutzutage auch keinen Spitzenathleten, der sich nicht mit der Hilfe von Psychologen und Psychotherapeuten auf seine Spitzenleistungen vorbereitet. Die reine Mechanik der technischen Leistungen ist nämlich schon so bekannt, dass man genau weiß, was jeder zu tun hat. Mit der Erhöhung der Trainingszeit an der Piste ist nichts zu erreichen, da die optimale Zeitdauer sowieso schon maximal ausgenützt ist. Ebenso wissen wir, dass zu viele Anweisungen nur noch zusätzliche Gedankenbelastung sind.

Die Wunder sind nur noch von der Seite der Pharmakologie und der Zaubereien aus der Mentalsphäre zu erwarten. Jeder Zeitungsleser ist darüber reichlich informiert.

Der durchschnittliche Skifahrer muss nicht unbedingt über das ganze psychologische Verfahren, das zur Verfügung steht, im Detail informiert sein. **Es genügt, wenn er eine Ahnung hat, womit er sich nicht belasten soll.**

Aber dem Skilehrer müssen die Grundprinzipien der neuen Erkenntnisse aus dem Bereich der Pädagogik, Psychologie und Motorik wohl etwas näher bekannt sein. Man braucht in der Skischule nichts über das neurolinguistische Programmieren zu wissen, nichts über das holografische Sehen, über Zonen und Durchbrüche und Energieanker oder Selbsthypnose und ähnliches. **Es genügt, wenn der Skilehrer weiß, dass der Schüler seine innere Fähigkeiten, die ihm angeboren sind, freihalten muss.**

Es ist also schon ein Erfolg, wenn die Skischule diese angeborene Fähigkeiten des Schülers nicht aus lauter Unwissenheit absichtlich blockiert!

Es gibt ja so vieles aus der Fachliteratur über die Mentalsphären zu lesen. Wer es nicht studieren mag, kann sich mit der Beschreibungen der interessantesten und wichtigsten Beispiele helfen.

Die geborenen Pädagogen, denen das Wunder des lernenden Kindes oder erwachsenen Menschens nicht fremd ist, werden verstehen, warum sich fast jeder von uns, Staatlich geprüften Skilehrern, gerne an denjenigen Skilehrer seiner Jugend erinnert, der es ohne viel zu reden verstanden hat zu erreichen, wie man die verschiedener Schwierigkeiten überwinden konnte. Diese ausgezeichneten Skilehrer hatten meistens keine Ahnung von der Gestalttheorie und Ganzheitsmethode, haben aber trotzdem als feinfühlige Menschen ihre Schüler besser verstanden und ihnen auf ihre eigene Art helfen können. Sie haben sich mehr auf ihre Intuition als auf die vorgeschriebenen Übungsreihen verlassen.

Clif Taylor war ein Halbindianer. Während des zweiten Weltkrieges war er als Ski Instructor in der amerikanischen 10. Mountain Division tätig. 1945 verwandelte er sich in einen Berufsskilehrer. Mitte der 50er Jahre, als er sich mit seiner eigenen GLM Methode der orthodoxen Skischule widersetzte, konnte er sich nur an seine Vernunft und an seine guten Gefühle ahnlehnen.

Zwanzig Jahre später, als wir eines Abends hinter einer Bar fast die gesamten Probleme des Skifahrens gelöst hatten, gestand er, was ihn zur Entwicklung des berühmten Kurz-Kurz-Skis (75 cm lang) und später GLM - Graduated Lenght Method mit Skiern zunehmender Länge von 90 cm über 120 cm bis 150 cm - getrieben hat:
"Ich konnte nicht mehr zuschauen, wie sehr sich die Leute in der damaligen Skischule mit zu langen Skiern gemartert haben. Sie waren ja so furchtbar unbeholfen. Die Paralleltechnik war für die große Mehrheit mit den viel zu langen Skiern einfach zu schwer. Viel zu schwer."

Am nächsten Vormitag, als ich ihn beim Unterricht beobachtete, wurde mir klar, warum Clif Taylor in meinen Augen für immer als Beispiel eines schöpferischen und selbstdenkenden Skilehrers bleiben wird.

Er wusste schon damals, dass man den Parallelschwung - wie auch alle anderen Schwungarten - nicht als ein Paradestück bis zum Stillstand ausführen soll (so wie es in Europa üblich war) und dann wieder von Anfang an auf die andere Seite losfahren, sondern immer im Rhythmus, immer in der Reihe von mindestens sechs angekuppelten Schwüngen: links und rechts, links und rechts... Er sprach schon Ende der 60er Jahre von "snakes", einer schlangenartiger Fahrt mit Einschneiden. Vor allem beeindruckte

CLIF TAYLOR invites you to...
SKI in a day!

mich sein Instinkt, wie er feinfühlig verstanden hat, dass für den ängstlichen Skifahrern das warme menschliche Hand-in-Hand-Fahren von viel größerer Bedeutung war, als die ganze Hochflut von fachlichen Worten, mit denen viele Skilehrer noch heute den armen Anfänger belasten, bevor sie ihn auf seine unsichere Fahrt den Hang hinunterschicken.

x x x

Um dieses Kapitel nicht so furchtbar ernst zu beenden, würde ich mich gerne ein bisschen über mich selbst lustig machen. Ich werde ihnen erzählen, wie ich selbst Skifahrer geworden bin.

Zu dieser Zeit war den Einwohnern unserer Stadt noch vollkommen egal, ob jemand ein guter Skifahrer war oder nicht. Damit wollte ich sagen, dass jeder von uns seiner Begabung ausgeliefert war, wie er die Kunst des Skifahrens erlernen wird.
Da damals noch keine Skischulen an jedem Hang auf die Klienten lauerten, sind wir hauptsächlich nur Schuss gefahren. Wer nicht gut genug für die Nationalmannschaft war, aber doch auf dem Schneehaufen im Hinterhof aufgewachsen war, hat seine Brettel jeden Sonntag zum Hügel am Rande der Stadt getragen. Dort trafen wir uns regelmäßig um zu beweisen, wer sich höher am Hang unter die Bäume hinauf zu steigen traute und dann unten in einem Stück anhalten konnte. Das reichte. Und der war der Sieger. Mehr wollten wir nicht. Von Zermatt und Val d'Isere hatten wir keine Ahnung.

Warum ich plötzlich von der Idee besessen wurde, die neue Rotationtechnik zu beherrschen, weiß ich heute noch nicht. Glauben sie mir oder nicht, aber wir hatten schon damals in unserem kleinen Land fast mehr Skifachbücher als Skifahrer. So habe ich mich für den wissenschaftlichen Beitritt entschieden. Mit Skiern an den Füßen hockte ich auf dem Stuhl in der Küche und studierte sorgfältig die Anweisungen aus dem Buch.
Ohne Lobhudelei kam ich mir vor als der einzige theoretisch ausgebildete Anfänger dieser Zeit. Ich wusste alles (na ja, sagen wir, fast alles): sich tief in die Hocke und nach vorne zu beugen, weit gegen die Skispitzen, und dann mit der Hand und mit dem ganzen Oberkörper die Drehung in den Schwung hinein machen. So verlangten es die Bücher. Klar und einfach.

Die Schwierigkeiten begannen erst draußen im Schnee. Ich machte alles, was die Bücher verlangten - aber die Ski drängten trotzdem eigensinnig weiter nach vorne, bis ich über sie stürzte.

Beim Schwung nach links, stürzte ich auf die linke Seite. Beim Schwung nach rechts, stürzte ich auf die rechte Seite. Also die Richtung war schon richtig, nur das andere ist irgenwie falsch gegangen.

Da meine Zuneigung zur Übertragung der Erfahrungen - was mich später in die Skilehrerkreise gebracht hat - schon damals deutlich zu merken war, habe ich jedem am Hang mit Vorliebe erklärt, dass theoretisch alles stimmt - bis zum Sturz; man sollte bloß nicht stürzen.
Aber ich bin weiter gestürzt.
Mit jedem neuen Buch bin ich nach einer verbesserten Methode gestürzt.
Es war zum Heulen.
Am Ende musste ich die gute Rotationtechnik aufgeben und bin wieder sturzfrei Schuss gefahren.

Mein zerrüttetes Selbstvertrauen kehrte erst zurück, als ich einmal während der Schussfahrt plötzlich und ohne daran zu denken den Schwung nach links gemacht habe. Bevor ich feststellen konnte, was und wie ich es gemacht habe, war mir schon der Schwung nach rechts gelungen. Ein eigenartiges Gefühl zog durch den ganzen Körper:
Ah, so macht man das...!

Freilich erzähle ich diese alten Geschichten ohne den geringsten Versuch, irgendjemandem die Freude an theoretischer Ausbildung zu mindern. Alles was ich mit dieser Erzählung sagen wollte, habe ich schon am Anfang niedergeschrieben: Das Können muss in die Füße hinunter, in den ganzen Körper hinein! Es hilft nichts, solange sich mit der Sache nur der Kopf beschäftigt.
Wie aber der Körper dazu zu bringen ist, dass er die feinen Informationen vom Kopf in alle Teile des Körpers verlockt, das ist schon eine ernste Übung, die wir in einem anderen Teil dieses Buches besprechen werden.

x

Auch später als staatlich geprüfter Skilehrer habe ich öfter erlebt, dass gerade die Leute mit wissenschaftlichem Komplex die größten Schwierigkeiten verursachten.

Ein guter Bekannter, Akademiker und gleichzeitig ein leidenschaftlicher Skifahrer, wollte alles genau verstehen, obwohl es ihm nie gelungen ist, ein durchschnittlich schlechter Skifahrer zu werden.

Aber der Mann war auch mitten in der Nacht bereit, sofort eine ernste Debate zu führen, warum der Ski eben so und nicht anders in den Schwung und durch den Schwung gleitet. Er war fähig, über die Zentrifugalkräfte und Zwangsdrehungen zu reden, wie die andern über Zwetschken und Kartoffeln. Mit seinem scharfen Verstand war ihm alles klar (so wie mir z.B. einst die Rotationstechnik klar war).
Aber der Mann ließ sich nicht helfen.

Es war alles umsonst. Er wollte nicht gefülig spüren, wann ein Schwung schön abläuft, er wollte genau wissen, was er falsch machte. Und wenn ich ihm es fachmännisch erklärt habe, so wie es in feinen Büchern steht, grübelte er noch tiefer nach und nach, bis es ihm am Hang noch schlechter ging.

Tief im seinen Innern war er überzeugt, dass wir ihm irgend etwas verheimlichten, etwas nicht verraten wollten. Vielleicht ein Parallelogramm von Kraftlinien, das alles erklären würde.
Es ist nicht leicht mit solchen Leuten umzugehen.

Aber gerade solche Skifahrer fürchtete ich am Skihang mehr als alle, die nicht anhalten können. Ein Anfänger nämlich, der nicht anhalten kann, ist nur so lange gefährlich, bis er jemanden niederreißt. Gleich danach ist er brav und lammfromm.

Der Theoretiker dagegen lässt sein Opfer nicht los.
"Moment Mal," sagte er, als ich ihm den Schwung nach rechts zeigen wollte; "Als du das Gewicht auf den Außenski, das heißt auf den linken Ski übertragen hast, hast du damit den Schwerpunkt der Gravitationskräfte unterhalb der Kante oder oberhalb geschoben?"
Es ist egal, was sie einem solchen Menschen antworten. Sagen wir, dass sie sagen: "Oberhalb."

"Falsch!" der Skitheoretiker zeichnet schon mit seinem Stock die Vektoren auf die Schneefläche.
"Eigentlich unterhalb," geben sie bereitwillig nach.
"Unterhalb welcher Kante, die des Innenskis oder des Außenskis?"

Jetzt hat er sie im Schwitzkasten. Am Besten ist es, möglichst schnell wegzukommen. Vielleicht sagen sie, dass man mit den

Füßen es so und so macht - und sie fahren weg...
Wenn auch er das Gleiche tut, schiessen in seiner Vorstellung aus seinen Fußgelenken, Hüften, Knien und überall Vektoren, die er gleich danach auf den Schnee niedergelegt studiert. Aber etwas stimmte nicht. Etwas fehlte noch immer.
"Wäre es nicht sinngemäß," sagt er misstrauisch, "wenn der Auslösemechanismus erst hier zu wirken anfängt?" und zeigte mit dem Stock eine Stelle im Schnee.

Endlich muss man seine eigene gebrechliche theoretische Unwissenheit zugeben. Aber von diesem Moment an war ich in seinen Augen kein besserer Skifahrer mehr, sondern ein primitiver Neandertaler auf Skiern, der vom Skifahren keine Ahnung hat.
Am Besten wäre es, wenn man sich auf irgendeinen großen Name beruft, der den Schwung angeblich genauso machte... und dann zeigen sie ihm sehr langsam und sehr deutlich den Schwung...und dann noch einen...und noch einen... eine Zeitlang über die Schulter zurück noch irgendetwas zurückrufend, egal was, wichtig ist nur, dass man schnell genug wegfährt und nicht früher stehen bleibt, bis man sich absolut sicher fühlt, dass man nicht mehr einzuholen ist...

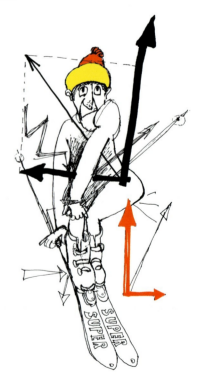

Wenn man mit dem Kopf und nicht mit den Füßen Ski fährt.

56

Der nostalgische Abschied:

Ach, diese fehlerfreie Beinspieltechnik von einst!

Eine ausgelassene Frechheit, würde ich sagen, wenn man aus der heutigen Sicht - und neben der heutigen allgemeinen Bequemlichkeit, mit der die Skifahrer mit Recht erwarten, die ganze Geschicklichkeit des Skifahrens in einem Nachmittag von einem guten Skilehrer zu konsumieren - an die harten Zeiten des eigenen Schuftens zurückdenkt.

Schließlich war diese Beinspieltechnik - nicht nur meine, sondern meiner Generation und noch einiger dazu - die Skitechnik unserer Jugend. Man kann nicht ohne Nostalgie mit dieser Vergangenheit abrechnen, zugleich aber auch nicht all die Jahre der eisernen Disziplin und des pedantischen technischen Ausbaues einfach vergessen.

Das waren die Zeiten, in denen die Marke des Wissen-und-Können-Herstellers wichtiger war als die fehlerfreie Skitechnik selbst. Da kommt es so manchem von uns vor, als ob wir ein bisschen den braven Narren abgeben mussten.

Parallel hieß die magische Parole jener Zeit! Egal mit welcher Mühe. Egal mit wieviel Zeit. Egal was so jemanden diese schöne Paralleltechnik gekostet hat.
Die seltenen Glücklichen, die damals ihre Lehrlingszeit schon halbwegs hinter sich hatten, wussten ihre Wichtigkeit mit Würde zu demonstrieren. Sie waren sich des enormen Vorsprunges bewusst. Und da stehen wir jetzt (anscheinend ganz plötzlich) unter diesem Portal des dritten Millenniums, von wo sich sehr bald nur noch die Historiker an die Zeiten der 50er und 60er erinnern werden. Da standen noch die Leute an jedem Hügel in den Skikursen, um brav die Schrägfahrt, das Seitrutschen und den Schwung zum Hang zu üben. Mit gespannten Ohren und voller Geduld hörten sie dem Skilehrer zu, was der zu erläutern hatte.

Ah, der Skilehrer der damaligen Zeit!
Da stand er wie ein kleiner Gott (oder wenigstens sein Stellvertreter) auf der Piste vor seiner unwissenden Herde und war eigentlich der Einzige, der die Ski mit Zeitlupengeschwindigkeit fehlerfrei in die Kurve andrehen konnte. (Die Bösewichter behaupteten damals, dass er den Schwung nur deswegen so majestätisch graziös vorführte, um allen deutlich zu zeigen, dass sie das nie in ihrem Leben zusammenpfuschen konnten).

Zurückblickend ist diese Zeit ein soziologisches Phänomen, das nicht zu begreifen ist. Was hat so viele Leute so berauscht, dass sie sich so massenweise und mit Eifer einer solcher Tortur freiwillig unterworfen haben? Welcher Teufel hat uns besessen, dass wir uns alle so stark danach gesehnt haben, mit eng zusammengrepressten Füßen über die flache Wiese zu wedeln?
Und was noch besonders frappiert: Da waren ja zahlreiche gescheite und ganz vernünftige Menschen dabei, Akademiker und erfolgreiche Unternehmer, die alle bereit waren, sich mit ihrer Ungeschicklichkeit lächerlich zu machen und alles auszuhalten, nur um diesen verdammten Parallelschwung fehlerfrei zu erlernen.

Erst Jahrzehnte später wurde es langsam genehmigt, ganz leise zu erwähnen, dass diese engparallele Beinspieltechnik dem menschlichen Körper auch deswegen so fremd war, weil Mutter Natur die menschliche Motorik nicht in St. Christoph am Arlberg studiert hat.
Auch deswegen war die Beinspieltechnik für sehr viele Leute schließlich zu schwer.

Leider gibt es darüber keinen statistischen Befund, wie viele gute Skifahrer und besonders Skilehrer ihre große Liebe später mit schweren Gelenk-und-Wirbelsäulen-Deformationen an den orthopädischen Kliniken kuriert haben. Offensichtlich war in dieser Zeit eine objektive Sicht unpopulär und unerwünscht. Auch nicht so seltene fachlichen Meinungen der Mediziner wurden absichtlich zurückgehalten. Doch dies konnte nicht verhindern, dass jeder guter Skifahrer bloß aus dem Kreis seiner Mitfahrer eine ganze

Reihe von Unseligen kannte, bei denen früher oder später die Knie - oder Hüftgelenk oder die Lendenwirbel wegen Abnutzung kaputt waren.

Aus eigener Erfahrung kann auch jeder Skilehrer annähernd einschätzen, wie viele Anfänger das Skifahren aufgegeben haben. Außerdem gibt es noch heuzutage zahlreiche konkrete Beweise von all denjenigen, die zwar Skifahrer geblieben sind, die aber nie den Stand eines guten Skifahrers erreicht haben. Diese halbgelungenen Skifahrer, die in jedem Skigebiet noch immer zu sehen sind, wirken als ein lebendiges Memento, dass die angebotene Skitechnik für sie zu anspruchsvoll war.

Aber - um nicht fort und fort nur über die armen Anfänger und ungeschickten Skifahrer zu reden - es wäre ja höchst interessant, genau zu protokollieren, wieviel Zeit hat die berühmte Beinspieltechnik auch den guten Skifahrern genommen - bevor sie so schick fuhren, dass sie sich nicht schämen brauchten? Fünf Jahre? Acht Jahre? Wir wissen, gar nicht so selten sogar zehn Jahre!

Und schließlich noch eine heikle Frage: Wieviele von denen würden bereit sein, das Ganze noch einmal im selben Ausmass durchzumachen?

Nämlich, der Haken steckte nicht in der körperlichen Ungewandtheit der damaligen Generation, sondern in dem anspruchsvollem Verlangen der Beinspieltechnik selbst - freilich, mit der damaligen Skiausrüstung.

x

Die junge Generation von heute macht kein Geheimnis daraus, dass sie ihre Freizeit ganz für sich geniessen will - ohne sich zu schinden. Sie will also auch auf dem Skihang vor allem Spaß haben. Und da sie auch sonst keine übertriebene Lust auf das Zuhören zeigt, will sie alles selbst entdecken und selbst feststellen, ob es Sinn hat, sich zu martern.

Leider zeigte sich bis vor kurzem, dass sich die zwei Bretter nicht ohne Know-how elegant hin und her schieben liessen. Wenigstens nicht ohne Schwierigkeiten. Genug, um das Skifahren plötzlich unter jungen Generation für einen langweiligen, ja, sogar altmodischen Sport zu erklären.

Die alte Denkart, die alte Skitechnik, die alte Methodik, das unbewegliche Lehrwesen - alles zusammen war auf einmal der jungen Generation zu langweilig. Sie suchte sich eine aufregendere Belustigung - und sie fand sie im Snowboarden. Wie erstaunlich ähnliche Körperposition mit dem extremen Carven!

Mit dem Snowboard - als zeitgemäßerer Alternative - käme es ihnen alles viel leichter vor. Da gab es keine "falsche" Kante, keinen "falschen" Ski. Alles scheint einfacher zu sein. Die große Mehrheit von selbstgemachten Snowboardern brauchte auch keine Skischule. Die Jungs beobachten die Anderen, die Besseren. Eigentlich eine Revolution im Lehrwesen!

Aber, wie es sich herausstellte, eine (noch eine) Revolution mit einer eingebauten Heimtücke: Die Unternehmungslustigen haben zwar Spaß, sie trauen sich alles, sie springen in die Luft und sie drehen sich um, bevor sie wissen, wie sie landen werden. Und zu 90 Prozent schieben sie ihr Board bloß quer und rutschen seitwärts, statt die bravurösen Bögen auf der Kante zu schneiden, womit uns die guten Snowboarder begeistern.

Wenn man an dieser Stelle den Bilanzstrich macht, dann zeigt sich ein leicht verwirrendes Bild: Auf einer Seite haben wir die Skifahrer, von denen fast jeder zweite ein gutes technisches Können beherrscht (das viele zweifellos in dieser oder jener Skischule oder sogar in mehreren Skikursen bekommen haben); und auf der anderen Seite kratzt eine Menge von selbstgelernten Snowboardern mit ziemlich schlechten technischen Kenntnissen, aber doch mit dem Gerät, das verhältnismäßig einfach zu steuern ist.
Und da muss gleich gesagt werden: Hätte die skifahrerische Population von Anfang an ein solch einfaches Werkzeug an den Füßen gehabt, wie es die selbstgemachten Snowboarder haben, oder wenn die Skifahrer schon damals, als sie mit dem Skifahren anfingen, die modernen Ski gehabt hätten, dann wäre der Unterschied zu Gunsten der Skifahrer noch viel größer.

Gewiss, nicht die Skischule war diejenige, die aus lauter Bosheit eine verdammt schwere Skitechnik erfunden hat - sie versuchte bloß das Beste mit dem Gerät, das zu dieser Zeit zur Verfügung stand, zu verwirklichen. Der lange, steife und jeder Drehung widerstrebende Ski war halt nur mit einer Menge von komplizierten Körperbewegungen elegant zu drehen, wobei aber der Skifahrer jede Einzelheit feinfühlig und peinlich rechtzeitig ausführen musste! Gelang dieser Synchronismus nicht hundertprozetig, so waren die Folgen sehr unangenehm.

Es ist deswegen verständlich, dass all diejenige Skifahrer, die einst die schwere Beinspieltechnik gelernt haben, jetzt mit ihr ganz zufrieden sind.

Sie sehnen sich nach keinem neuen, einfacheren, sichereren Skifahren - wenn sie sich nicht wegen ihres Alters oder aus anderen Gründen zu einer vorsichtigeren Fahrt und zu dem kurvenfreudigeren Ski gezwungen fühlen.

Solchen Leuten zum Trost (wenngleich das Umsteigen auf die neuen Skier oder in die neue Skitechnik heutzutage so unglaublich einfach ist) werde ich noch eine wahre Geschichte aus der alten Zeit erzählen. Sie schildert ein unvergleichbar schwierigeres Umlernen, das uns heute vor allem lustig vorkommt, gleichzeitig aber auf den ewig aktuellen Unsinn jeder Gleichschaltung hindeutet.

x

*E*s war schon vor vielen Jahren in Kranjska Gora, als in dem Skikurs für die künftigen Alpintrainer neben mir in der Reihe Tine Mulej stand (für die meisten Leser, die das nicht wissen: Tine Mulej war die Legende des slowenischen Alpinrennfahrens, mit Sicherheit einst der begabteste Rennläufer in allen drei Alpindisziplinen, dessen draufgängerischen Talent auch die Nachbarn zu bewundern wussten).*

*Am vorhergehenden Abend hat uns eine andere Legende, diesmal des slowenischen Lehrwesens, die soeben aus St. Christoph am Arlberg zurück gekommen war, den Vortrag gehalten, wie sich ohne Gegendrehung der Beine und des Rumpfes kein richtiger Parallelschwung ausführen lässt: "Das müsst euch eins für allemal klar sein," hat er mit einem dünnen Stäbchen auf die schwarze Tafel geklopft: "**Die Skitechnik wird sich von jetzt an nicht mehr ändern, weil sie wissenschaftlich festgelegt ist.** Ohne eine ausgeprägte Gegenschulter sind alle Versuche, die Skier in die Drehung zu bringen, zum Misserfolg verurteilt."*

Davon konnten wir uns auch an den Zeichnungen an der Schwarzen Tafel überzeugen: da standen alle äußeren und inneren Kräfte, die sich während eines Schwunges entfalten, noch mit der angeführten Formel bestätigt.

"Ist das ihnen klar?" fragte der Professor und deutete mit seiner Miene an, dass es keinen Ausweg gab.
Tina, so riefen ihn seine Freunde, schaute mich groß an. Ich nickte ihm zu. Dann nickte auch er - was könnte er schon sonst tun?

Am nächsten Morgen war ein herrlicher Tag. Wir standen zu acht in der Reihe. Der Professor hat den Chefdemonstrator mitgebracht. Und der führte uns einen über den ganzen Hang ausgezogenen Parallelschwung mit einem Radius von mindesten hundert Meter vor. Mit atemberaubender Aufmerksamkeit beobachteten wir die lange, wunderschön abrutschende Spur.

Tina war unruhig wie ein rassiger Hengst vor dem Start. Er konnte kaum abwarten, dass er los fuhr. Zuerst mit hervorragender Gegenschulterdrehung. Dann traf ihn plötzlich eine Verwirrung: "Nein, falsch!" rief er laut und drehte die Schulter auf die andere Richtung. Aber schon im nächsten Augenblick drehte sie wieder zurück. Jetzt wusste er recht gar nichts mehr, was richtig ist und wie soll er weiterfahren. Und so sprach er laut mit sich selbst, fluchte, drehte seinen Oberkörper hin und her - aber seine Füße fuhren die ganze Zeit die Skier ruhig durch einen wunderschön gezogenen Bogen, bis er an der selben Stelle wie der Chefdemonstrator stehen blieb.

Eine Totenstille.
Wir wussten nicht, wochin wir schauen sollten, um ja nicht dem Blick des Professors zu begegnen. Jedem war es klar: Ein total verpfuschter Parallelschwung - wenn man bloß den oberen Teil des Körpers beobachtet hätte; aber ein perfekter Schwung, wenn man die Spur der Skier und die Beine im Auge hielt.

"Ein verdammtes Luder," sagte endlich der Chefdemonstrator und brachte in die peinliche Situation eine Erleichterung: "Er könnte auch ohne Kopf und nur mit einem Fuß besser fahren als ihr alle!" Auch der Professor lachte.

Es entstand eine frohe Stimmung, als ob unser Tina eine lustige Dummheit gemacht hätte, die nicht ernst zu nehmen war.

Dieser verpfuschte, aber dennoch glänzende Parallelschwung hat in meinem Unterbewusstsein einige Jahre geschlafen, bis er mich plötzlich zum Nachdenken weckte: Wenn die Schultern bei jedem Schwung so eine entscheindende Rolle gespielt hätten, wie uns so feierlich prophezeit wurde, wie konnte dann der legendäre Tine Mulej nur mit seinen Füßen einen so perfekten Parallelschwung ausführen?
Freilich sind auch manche andere zu dem Erkenntnis gekommen: weil er in seinen Füßen ein so feinfühliges Empfinden hatte, dass er ganz abgesehen von der Rumpflage die Skier so haargenau andrehen und durch den langen Bogen führen konnte. Dieses Gefühl war so empfindlich und so stark, dass auch ein total verkehrter Oberkörper den Schwung nicht zerstören konnte.

Noch viel später habe ich oft an diese komische Situation gedacht, vor allem wenn ich die Überzeugung begründen musste, dass man mit den Füßen skifährt. Wäre damals mit den Füßen etwas so falsch gewesen, wie die Schultern angedeutet haben, hätten unseren Tina sämtliche Professoren der Welt nicht retten können.

Die Kurzgeschichte der Skitechnik

Seit jeh war es so, dass ein neues Werkzeug eine neue Arbeitsweise einführte.
Skifahrers Werkzeug ist sein Ski.
Also musste jede wesentliche Änderung im Skibau und in der Skiausrüstung auch eine neue oder veränderte Arbeitsweise (Skitechnik) hervorrufen. Was die Skitechnik betrifft, sind sich die Fachleute jedesmal in die Haare geraten, wenn sie sich über etwas Neues einigen mussten. Es war während der ganzen Skigeschichte so.

● Für den langen Telemarkski mit leichter seitlicher Taillierung (Länge bis zu 2.40 Meter) war das Land Telemarken mit seinen Sprungschanzen wie gemacht für den berühmten Telemarkschwung und die Telemarktechnik.

(Als sich später der lange Ski in der Alpen als ziemlich ungeeignet erwiesen hat, hatten viele verbissene Telemarkanhänger diesen unpassenden Zusammenhang so angenommen, als ob die Alpen zu tadeln sind und nicht der Ski, der in diese Gegend nicht hineinpasste.)

● Es war dann Zdarskys Erfindung, die den kürzeren Ski (1,8 m) mit festem Backen mit der neuartigen Stemmbogentechnik für das Bergfahren in Zusammenklang brachte.

● Bilgeris Bindung und die Wiedereinführung der zwei Stöcke ermöglichte als Folge den späteren Stemmschwung.

● Weiter verbesserte Skiausrüstung und durch die Seilbahnen ermöglichten Kilometerfahrten erfüllten den alten Traum: die Paralleltechnik.

● Der Langriemen und die Fersenautomatik waren wie bestellt für das Wedeln mit dem berühmten Fersenschub, mit dem die steifen Skienden, während der Hochentlastung zur Seite geschoben wurden.

● Hohe Schuhstiefel (mit Spoiler) und neue elastische Skimaterialien waren die Voraussetzung für das Avalements und den Jettschwung.

● Torsionfester Skibau, schärfere Kanten und größere Leistungskräfte der Athleten verfeinerten die Umsteige-und Abstoßtechnik. (Die Ära der großen Beschleunigungen und die nachher folgenden Geschwindigkeitverluste im zweiten Teil des Schwunges fing an.)

● Der stärkertaillierte Riesenslalom Rennski eröffnete ende der 80er Jahre die neue Renntechnik: gleich umkanten und auf der Taillierung den Schwung ohne Abrutschen und ohne Geschwindigkeitverluste einschneidend durchfahren.

● Als letzter kam der starktaillierte Carvingski. Von ihm und von seiner Skitechnik ist die Rede im III. Teil dieses Buches.

II TEIL

WEHE, WENN DIE RENNLÄUFER NICHT DA WÄREN

Die neue Renntechnik

Wenn es Mitte der 80er Jahre noch irgendwie möglich gewesen wäre, einen Riesentorlauf nur mit der Technik, die in den Skischulen unterrichtet wurde, und auf alten Skiern aus den 70er Jahren mitzufahren, ist das heute auch im der Vorstellung so anachronistisch, als ob jemand nackt zum Start gekommen wäre. Nicht nur, dass selbst die gleitenden Skiflächen zu langsam wären. Es fehlt diesen Skiern die ganze dreißigjährige Entwicklung in der Konstruktion, der verbesserten Technologie und an eingebauten Materialien, die auch reichlich auf die Technik des Skifahrens eingewirkt haben.

Aber warum reden wir so viel über den RS-Ski und gerade über die Riesenslalom-Technik, da im Alpinrennsport ja noch andere Disziplinen aktuell sind?
Weil eben beim Riesenslalom alle Elemente des perfekt ausgeführten Schwungs am deutlichsten zum Ausdruck kommen. Außerdem hat die aktuelle RS-Skitechnik einen bedeutenden Einfluß auf das Fahren der rekreativen Skifahrer, die eine breite Skifahrerpopulation darstellen..

Die neue Renntechnik lässt sich mit einem flüchtigen Blick auf die obige Aufnahme von Christian Ole Furuseth leicht erkennen. Er siegte 1989 in Park City mit einem gewaltigen Vorsprung als der erste Rennfahrer aus dem Elan-Team, der auf den neutaillierten RS-Skiern startete.
Eine Gegenüberstellung der beiden RS Techniken - der neuen und der früheren - macht das Ganze noch leichter verständlich.

1) Die Furuseths Grundposition bleibt während der ganzen Fahrt so niedrig, wie möglich (kleiner Winddruck, niedrigerer Schwerpunkt).

2) Es gibt meistens fast keine Hochbewegungen (außer an besonderen Stellen und im Fall, wo sich der Rennläufer aus Schwierigkeiten retten muss).

3) Es gibt auch keine permanente Körperbewegung nach vorne und zurück, da der Rennfahrer seinen Schwerpunkt die ganze Zeit in ausgeglichener Position hält (die neuesten Carvingskiern für die Rennläufer verlangten sogar eine fantastisch ausgeglichene Körperpostion, da ein kleines Abweichen schon den Verlust der absoluten Skikontrolle verursachen kann).

4) Statt dauernd die Geschwindigkeit zu wechseln (zwischen dem Beschleunigen beim Abstoß und dem abrutschenden Bremsen im zweiten Teil des Schwunges), versucht der heutige Rennfahrer dauernd die gleiche Geschwindigkeit zu erhalten (oder sie sogar noch zu steigern). Die Kurven werden in ihrer ganzen Länge von Anfang an fließend auf den Kanten ausgefahren und lassen sich während der Fahrt, wenn der Anfang nicht ganz optimal angesetzt war - nur schwer korrigieren.

5) Es gibt keine Hochentlastung (außer in Ausnahmefällen, wo etwas gerettet werden muss); Die Rennläufer entlasten hauptsächlih mit sogenannter "Abstoßentlastung" oder "Rückschlagentlastung," was eine passive, ruhige, fast nicht zu merkende Entlastung ist, die durch die plötzliche Skientspannung während des Kantenwechsels entsteht.

6) Die beiden Skier werden fast gleich (50:50 %) belastet; erstens, weil die Außenkräfte wegen der hohen Geschwindigkeit enorm gestiegen sind und zweitens, weil während des Schneidens ohne Abrutschen auch alle Kräfte in die Beine übertragen wurden. Der gesamte Druck lässt sich auf beide Beine verteilt besser ertragen. Außerdem müssen wegen der Skitaillierung die beiden Skier fast

gleich belastet sein, damit sie sich annähernd gleich durchbiegen und die gleiche Kurve fahren.

7) Das Aufkanten der Skier geschieht mit der Körperneigung, die in scharfen Kurven als extreme Körperlage vorkommt, mit dem Aufkanten aus der Hüfte.

8) Die Skiführung ist die ganze Zeit breitoffen; bei besonders schweren Kurven ist der Innenski weit vorgeschoben, um Platz für das Knie des tiefgesenkten Außenbeines zu machen. Ohne den zuverlässigen Halt der Kanten und ohne die Skitaillierung wäre eine so extreme Körperneigung überhaupt nicht möglich.

9) Für den richtigen Stockansatz gibt es keine Zeit und keinen Bedarf mehr; der Rennläufer ist in zu tiefer Position. Auch die Geschwindigkeit ist zu groß. Wennschon, dann wird mit dem Stock der Ansatz nur symbolisch an der Seite angedeutet.

10) Der Rennfahrer nutzt die guten Eigenschaften der neuen Skier gänzlich aus.*

Da in Vail auch die Norwegerin Marette Fjeldauli auf demselben

---

*Dass beim Elan-Team eben Furuseth als erster die neuen Skier zu fahren bekam, hatte er seiner ausgesprochener Körperkondition zu verdanken.

Skimodell siegte, war Schluß mit den spöttischen Berichterstattungen über die starktaillierten "exotischen Latten."

Und wie unterschied sich die frühere RS Renntecnik von der oben Beschriebenen:

1) Der Rennläufer fuhr in viel höherer Grundstellung und fing sich dadurch den ganzen Winddruck ein.

2) Sein Körper schwang von Tor zu Tor vertikal und auch von hinten nach vorne; den Stockansatz begleitet ein kräftiger Abstoß hinauf und vorwärts (in den Schwung ein), dann senkte sich der Körper während des Schwungsausfahrens immer niedriger und

bewegte sich allmählich nach hinten, um in die günstigste Lage für den nächsten kräftigen Abstoß hinauf und nach vorne zu kommen.

3) Die Geschwindigkeit variierte noch stärker: Während des Schwungausfahrens verlangsamte sie sich mehr und mehr wegen der Skidrift und wegen des Verlustes der Ideallinie, bis dann mit dem wuchtigen Abstoß hinauf und nach vorne wieder beschleunigt wurde. (Die ausgeführten Messungen zeigten beim Trainig ein Zunehmen auch bis zu 25 Kilometer - in einem Fall sogar 30 km/h.)

4) Die Belastung in der Schwungausführungsphase verlief hundertprozentig auf dem Außenski; der Innenski wurde oft aufgehoben und in der Luft mitgetragen. Die Folge: Die ganze Last übernahm nur ein Kniegelenk, deswegen gab es so häufige Knieverletzungen ohne zu stürzen.

5) Die Skiführung war eng (wenn die Skier nicht gegen alle Absichten auseinander gerissen wurden).

Wenn sich nach all diesen Änderungen noch jemand von den Kompetenten zu Wort melden möchte, um mutig zu behaupten, dass sich im Rennsport nichts geändert habe und nichts Neues in der Skitechnik geschehen sei, dann versteht er nichts von dem, was er sieht.

Der Rennsport war seit je privilegiert

Zum Glück läuft die Geschichte und mit ihr auch die Entwicklung weiter, egal, ob die Verantwortlichen im Lehrwesen sitzengeblieben sind. Letzten Endes war es schon seit Beginn des sportlichen Skifahrens so, dass sich ein verbissener Streit über die fachlichen Neuigkeiten bis heute durchgezogen hat.

Ein Wörterkrieg tobte ununterbrochen über die Grundfragen, was **richtig** ist und was **nicht richtig** sein dürfte. Dieser Streit, den man nur selten als freundliche Überzeugung bezeichnen könnte, ist regelmäßig wegen der Geburt des Neues ausgebrochen. Warum, fragt man sich?

Ja, warum stritten sich immer nur die angesehenen Autoritäten und die Skilehrer, nie aber die betroffenen Rennläufer?
Haben Sie sich schon einmal die ähnliche Frage gestellt?
Wahrscheinlich liegt die Antwort in der einfachen Tatsache, dass die Skirennwelt in einem bestimmten Sinne privilegiert ist.

Die Innovatoren aus der Reihe der Rennläufer konnten ihre Innovationen immer mit genauen Messgeräten überprüfen. Die elektronischen Zeitnehmer sind durchaus so objektive Beweismittel, dass sie sich niemand zu unterschätzen traut. Deswegen könnten nach jedem Erfolg auch die berühmtesten Autoritäten nicht aufstehen und sagen: "Das stimmt nicht, darüber muss noch viel gesprochen werden..."

Eben deswegen, da im Rennsport eine messbare Objektivität von Anfang an vorhanden war, konnten bei der Bewertung der Qualität keine Diskussionen ausbrechen. Die Sekunden und Hundertstel von Sekunden sagen alles. Sie lassen sich nicht durch die empörten Worte beleidigter Eminenzen verändern.

Gerade das Gegenteil gilt für den liebhaberischen, rekreativen und edukativen Skibereich. Da gab es wenig Dinge, die mit absoluter Sicherheit genau auszumessen sind. Deswegen war hier das letzte Wort seit jeher den Autoritäten vorbehalten.

Und da die Herren mit der Autorität immer im Stande sind, ihre Urteile und Entscheidungen mit ihrem persönlichen Ansehen und mit ihrer Position zu stützen, hat die Bedeutung ihrer Worte ein weit größeres Gewicht als das Wort eines gewöhnlichen Gegensprechers. Bei einer Auseinandersetzung steht dann immer das Wort mit Gewicht gegen das Wort ohne Gewicht.

Das Wort ohne Gewicht kann noch so scharf treffend sein, es bleibt trotzdem immer irgendwo in der Luft hängen wie der schlechte Geruch.

Die Rollen sind auch in der neuesten Skientwicklung unmissverständlich verteilt. Auf der einen Seite die Skischule, die schon längst für den Status quo sorgte - alles soll möglichst so bleiben, wie es war - weil angeblich das Beste schon erreicht wurde. Genehmigt sind bloß die kleinen und unwichtigen kosmetischen Eingriffe.

Auf der anderen Seite sorgen für den dauernden Fortschritt die Skiindustrie und die Rennläufer mit ihren Trainern, weil diese die Einzigen sind, die auf dem offenen Weltmarkt in harter Konkurrenz für das Überleben kämpfen müssen.

Diesen drei Stützsäulen hat die Skiwelt zu verdanken, dass trotz eingeschlafenem Skilehrwesen die Entwicklung nicht stehen geblieben ist.

Was aber auch im Rennsport bemerkenswert ist die Tatsache, dass in der Epoche des blitzschnellen Informations-austausches die neue Ideen sozusagen "zufuß" herum wandern; sie verbreiteten sich zwar konsequent und blitzschnell - aber nur mündlich, als eine Art streng gehaltenes Geheimnis. Die Trainer mussten durch ihre Beobachtungen selbst entdecken, was der Eine besser macht als die Anderen, warum jemand schneller ist, und dann die Neuigkeiten an ihre Schützlinge weitergeben. Die neue Skitechnik ist sozusagen ein kommerzielles Geheimnis, das jeder für sich selbst und für die Seinen gehütet hält - wenn wir die einzelgängerische Interpretationen einiger Autoren nicht zählen. Traurig. Aber es ist leider so.

Aber schließlich wurde einst auch Amerika nicht von der spanischen Admiralität entdeckt, obwohl sie über die mächtigste Flotte der damaligen Zeit verfügte, sondern von einem Einzelgänger, von einem träumerischen Kapitän, der es sich in seinen Kopf hinein gemeißelt hatte, dass die Erde rund ist und dass er im Fernen Osten ankommen wird, wenn er nur weit genug gegen Westen segeln könnte.

Die respektablen Institutionen sind bestimmt kein richtiger Platz, um hohe Leistungen zu fordern. Es ist wohl lange bekannt, dass das höchste Gebot aller autoritären Institutionen lautet: Alles stillstehen lassen, was schon von alleine steht! Nicht in den Problemen stochern, die sich als gelöst zeigen!
Diese Philosophie ist doch verständlich, da sie in der glücklichen Gegebenheit wurzelt, dass die gemeinten Institutionen nicht gezwungen sind, ihre Tätigkeit täglich im harten Überlebenskampf auf dem freien Markt zu beweisen. Sie müssen nicht - wie zum Beispiel in jedem industriellen Produktionsprozess (auch in der Skiindustrie) - wo von Stunde zu Stunde etwas Neues entwickelt werden muss, um neue und bessere Lösungen zu finden - um nicht von der Konkurrenz überholt und zur Seite geschoben zu werden. Ein Alltag, der nie beendet ist.

Auch die Arbeit in den Nationalmannschaften funktioniert einem Wirtschaftsbetrieb vergleichbar. Dieselben zum Erfolg führenden Regeln gelten so für die Mannschaftdirektoren und Cheftrainer bis zu dem letzten Rennläufer oder Gehilfen. Jeder muss sich mit genau messbaren und international vergleichbaren Resultaten bestätigen. Es herrscht also ein dauernder Vergleich, der sich nicht auf die blanke Autorität ohne Erfolge berufen kann.

Klar, es gibt auch Vieles, was im internationalen und nationalen Verbänden des Lehrwesens zu besprechen ist und gelegentlich besprochen werden muss. Aber wenn dem Gedankensaustausch nachher nichts folgt - so lehrt uns die Geschichte - werden nie neue Kontinente entdeckt.

Die bittere Wahrheit bestätigt unmissverständlich nur das eine: Es ist in den Köpfen, die von Kongress zu Kongress reisen und für die Unbeweglichkeit der Dinge sorgen, tatsächlich seit langem nichts Neues geschehen.

Eine gegenseitige Befruchtung

Auf den Interski Kongres in Sexten ist 1983 die slowenische Delegation (damals noch unter den Name Jugoslawiens) mit zwei jungen Rennläufern des B Kaders aufgetreten. Die Beiden demonstrierten die Methodik für den direkten (sportlichen) Unterrichtsweg für die motorisch begabten Kinder und Jugendlichen.

So fing die neue Zusammenarbeit zwischen dem slowenischen Skilehrerverband und den nationalen Alpinskimannschaften an. Später zogen sämtlichen Nationalmannschaften (Damen und Herren) jeden Sommer durch die zehntägige Skischule.

Klar, keiner war so unvernünftig, dass er die Rennläufer belehren wollte. Die besten Skilehrer des Ausbildungteams haben nur die verwendete Skitechnik in ihre Grundelemente auseinandergelegt und dann jedem Rennläufer überlassen, dass er oder sie diese Elemente nach eigenem Gefühl wieder zusammenbaute. Wie die Praxis bestätigte, ein äußerst nützliches Verfahren. Deswegen wurden diese Sommerkurse Jahr für Jahr wiederholt.

Die enge Zusammenarbeit zwischen dem Skilehrerverband und dem Rennlauf bereicherte beide Seiten: Dem Skilehrerverband brachte es viele, bis dorthin ungeahnte Vorteile, vor allem mehr sportliche Dynamik in die damalige Fahrweise der Skilehrer, was sich wieder bei der Bewertung der allgemeinen skifahrerischen Geschicklichkeiten zeigte. Langsam entwickelte sich im Lehrwesen eine neue Sportphilosophie und ein anderes Verständnis für die Ganzheit des Skifahrens.

Das Wertvollste war aber der laufende Zufluß der Informationen über den neusten Stand in der Renntechnik.

Sogar gelegentlich amüsante Zufälle, wie z.B. bei einer Videoaufnahme für eine Unterrichtskassette: Die besten Mitglieder der Nationalmanschaft demonstrierten auf einer vereisten Buckelpiste die vier Arten der Buckelfahrt: schön kontrolliert, wie es in der Skischule gelernt wurde. Nach dem Arbeitsschluß schossen die Burschen jubelnd die Piste hinunter, glücklich, dass die (für sie) langweilige Vorführung endlich vorbei war. Und da war was zu sehen. Mit blitzschnellen Umsteigeschritten stürzten sie sich ungeachtet über die eisigen Buckel, als wären sie auf der Wiese vor der Hoteltüre. Im Nu waren sie im Auslauf.

Kein Wunder, dass sich bald die Ausbildungsprüfer bei Examen nicht mehr einig waren, was eigentlich unter dem Begriff "kontrollierte Fahrt" zu verstehen sei. Ein älteres Mitglied des Ausbildungsteams hat einen jungen Kandidaten wegen seiner angeblich "zu schneller" Fahrt negativ bewertet, obwohl ihm die anderen die höchste Note zuteilten. Die Verwirrung war deutlich: Was den einen schon als außer Kontrolle vorkam, war für die anderen erst eine richtig flotte Fahrt.

An ein ähnliches Erlebnis muss sich der Autor erinnern, als er weit zurück seine Skilehrerprüfung auch in den USA absolvierte. Mit gutem Erfolg brachte er alle Aufgaben fertig, es blieb nur noch die kontrollierte Buckelpistenfahrt. Das Wetter wurde auf einmal trüb. Die Sicht verschlechterte sich. Plötzlich brach noch eine unangenehme Kälte ein. Nur der vereiste Hang stand noch immer dort mit seinen hohen Buckeln, die an der unteren Seite steil abgehackt waren, so dass die Gruben nicht nur sehr tief, sondern auch eng und kurz waren (weil die meisten Buckelpistenfahrer dort schon damals mit 1,70 - 1,80 Meter langen Skiern gefahren sind). Als einziger stand nur noch der Autor oben mit seinen 2,12 m langen Riesenslalomskiern - und fuhr los. Die tiefen Mulden waren, wie erwartet, um 30 bis 40 cm zu kurz und die Skier um genau soviel zu lang; mit großer Mühe wurde die gleiche Geschwindigkeit eine Zeitlang unter Kontrolle beibehalten. Dann aber geschah, was unausweichlich geschehen musste: Das hintere Skiteil stieß heftig gegen die Buckelwand. Auf einmal war Schluss mit der kontrollierten Fahrt. Um das Gleichgewicht zu erhalten, musste der Verfahrene über einige Buckel im Schuss hinunter - und schon war die zu große Geschwindigkeit da. Dann kam ihm alles zu blöd vor, er zog während der Fahrt seine Mütze tiefer an die Stirn und fuhr, wie es eben kam: Mit einigen langgezogenen Schwüngen und Sprüngen über mehrere Buckel war er unten - resigniert und seines Misserfolges sicher. Bei der Verteilung der Diplome lachte der Vorsitzende schalkhaft: "Es war eben nicht das, was wir eigentlich als kontrollierte Fahrt im Sinne hatten, aber wir mussten doch ein bisschen in Betracht nehmen, dass ihr Alpenfahrer etwas mehr Raum benötigt...)

So verliefen die 80-er Jahre in Slowenien nicht zufällig unter einem anderen Zeichen: Für die Paradefahrt auf einer flachen Wiese bestand immer weniger Veständnis. Die talentierten Jugendlichen, die mit dem Programm der direkten Methode - das Iztok Belehar ausgearbeitet hat - waren für eine andere Art des Skifahrens vorbereitet: Sie sind mit dem Umsteigeschritt und dem Ausscheren bzw. mit dem wuchtigen Abstoß und danach folgendem Kippen in den Schwung hinein gefahren. Sie haben mit jedem Abstoßschritt beschleunigt - und die sportlichen Erwachsenen sind - was jeden von uns überraschte - ihnen nachgefahren.

So war die parallele Beinspieltechnik für diese Jungs wie auch für viele anderen guten Skifahrer schon lange nicht mehr die einzig maßgebende Technik, und schon gar nicht die einzig richtige Art des "einzig richtigen" Skifahens.

Logischerweise wollten alle gute Skifahrer auch dasselbe Skimodell haben, wie es die Rennläufer fuhren. Durch dieselbe Ausrüstung war ihre Fahrweise noch stärker geprägt. Als dann 1989 noch der berühmte Riesenslalomski mit betonter Taillierung aus der Fabrik kam und Christian Ole Furuseth mit diesem Ski im Weltcup überragend siegte, wollten alle seine Teamkolegen und auch die anderen - samt den guten rekreativen Skifahrern - dasselbe RS-Modell mit betonter Taillierung fahren.

Der Weg zur neuen Schneidetechnik war so auch für die rekreativen Skifahrer offen.

An dieser Stelle endete definitiv die langjährige Kontinuität der Entwicklung der parallelen Beinspieltechnik, die über das Umsteigen, Umsteigen mit Ausscheren und abstoßendem Schritt, zum Kippen in das Schwunginnere - zuerst noch mit dem Abrutschen am Ende des Schwunges, dann mit der neuen Skitaillierung ohne Abrutschen - ohne jegliches Abstoßen und überhaupt ohne Stockeinsatz, nur ruhig auf der Taillierung gleitend, fuhr.

Diese neue Skitechnik übertrug sich auch in das alltägliche Skifahren und endete mit ziemlich großer Verspätung mit kürzeren Skiern und mit der Carvingtechnik. (Mehr über diese Skiart auf der Seite 75)

Bedauerlicherweise waren inzwischen in vielen anderen Ländern diese großen Veränderungen dem größten Teil der Skifahrer völlig entgangen. Aber nicht nur den gewöhnlichen Skifahrern, auch den vielen Skischulen und Skilehrern. Ähnlich wie nach dem Interskikongreß 1991, nach dem der maßgebene deutscher Vertreter noch stolz bechauptete: "Es hat seit langem nichts Neues gegeben und es wird auch in absehbarer Zeit nichts Neues geben," konnte man auch in Slovenien noch im Jahre 1996 einige in fester Überzeugung lebende Skilehrer finden, dass in der Renntechnik und der Skitechnologie nichts Neues geschehen sei (Seminar für Skilehrer, Kranj-Krvavec, Jänner 1996: "Was ist schon anders, was früher nicht da war? Nichts ist anders geworden!" behauptete stolz der Verantwortliche für die technische Ausbildung der dortigen Skilehrer.)

Der kurvige Weg zum stark taillierten RS-und Carvingski

Jede Skiproduktion hat ihre eigene, manchmal nicht ganz geradlinige Geschichte. Auch der stark taillierrte Ski ist in dieser Hinsicht keine Ausnahme. Und hier ist eine von diesen nicht ganz glücklichen Entwicklungs-geschichten.

● Anno domini 1966 hat der krainer Skibaumeister ZVONE DEBELJAK ein sehr eigenartiges Skimodell hergestellt - 160 cm lang und mit betontem seitlichen Bogen. (Da zu dieser Zeit die Holzlaminaten nur in der Breite von 9 cm zu bekommen waren, konnte der Meister seinen Ski vorne und hinten nicht breiter ausbauen, so verschmälerte er ihn in der Skimitte.) Besonders beliebt waren diese Skier im Kreis von weltberühmten Professoren der Universität Ljubljana, die gleichzeitig gute Alpinisten und Tourenfahrer im Hochgebirge waren.
Die sogenannten "Kaninke" (getauft nach dem Mont Kanin) sollten sehr wendig und zuverlässig am hart gefrorenem Schnee sein.

● Anfang der 70er Jahre führte der Konstruktionschef Dipl.Ing ANDREJ ROBIČ für alle Skimodelle der Elan-Produktion die UNILINE ein - so hieß die stärkere Taillierung, die sich automatisch nach der Elastizität, Härte und Skilänge richtete.

● Im Jahr 1977 hat Robič zwei sonderbare Skimodelle patentiert: das Modell "Servo", dessen Breite vorne und hinten mit einer durch den Schlitz quergelegten Schraube verstellbar war; und das Model "Retro", das sich nur hinten ausbreiten oder verschmälern liess. Der Skifahrer konnte sich so seine Taillierung selbst einstellen. Die beiden Prototypen konnten aber kein Interesse bei den Kaufleuten der kommerziellen Welt finden.

● Erst 7 Jahre später (1985) kammen die beiden Skimodelle in die regelmäßige Produktion - doch blieben sie wieder ohne kommerziellen Erfolg. Die meisten Skifahrer hatten keine Ahnung, was sie mit einer größeren Taillierung tun sollten.
Trotz dem kommerziellen Misserfolg zeigten sich diese Skier als sehr nützliche Helfer; sie ermöglichten ein umfangreiches Testprogramm.

● 1989 siegte Christian Ole Furuseth mit den neuen, stärker taillierten RS Rennskiern in Park City, und Marette Fjeldauli in Vail, beide mit überragendem Vorsprung.

● Schon zwei Jahre früher (1987) siegte Ingemar Stenmark mit dem Extremcarver SCX (für den Jurij Franko und Pavel Skofic die Vaterschaft haben) bei dem Welltcup-Saisoneröffnungsrennen im Val Senales.
Aber komischerweise war damit nur der Weg für den RS Rennski geöffnet.

● Damit begann Ende der 80er Jahre die Epoche der schneidenden Skirenntechnik.

● **Der Extremcarver SCX musste aber noch weiter warten. Obwohl Skilehrer Marijan Stele seit 1989 viele Skikurse mit diesen Skimodellen durchführte und lobende Berichte über die überaschenden Erfolge schrieb, half das wenig.**

● 1991 demonstrierte er mit dem Konstrukteur Franko den Extremcarver SCX auf dem Kongress der Berufskilehrer in Japan und in der Kunstschneehalle in Tsudunaumi in Tokio, ein Jahr später auch in den Vereinigten Staaten Amerikas.

72

● Erst in der Saison 1992/93 gelang dem Extremcarver endlich der Durchbruch - aber nicht zu Hause und auch nicht im benachbarten Europa. Dem Ski öffnete sich die Türe in einigen Kettensystemen der größeren amerikanischen Skischulen als Testski. Die Berichte, die danach folgten, waren ermutigend.

● 1995 wurde der Extremcarver SCX in den USA zum "Ski des Jahres" ernannt.

● Jetzt spitzte man die Ohren auch zuhause und auch in ganz Europa, wo bald eine breite Palette verschieden dimensionierter Carving Modelle - die sogenannten Halbcarver - auf den Skimarkt geworfen wurden.

So waren die ersten Pionierzeiten wegen des Mangels einer gut ausgearbeiteter Carvingtechnik leider verwässert und verloren. Fast zehn Jahre mussten die fertiggestellten Skimodelle auf ihren Eintritt auf den Welmarkt warten. Am Ende haben sich die Erfinder (Elan) den Nachahmern in Europa kaum noch mit eigenen Halbcarvern anschließen können.
Was nun von da an folgt, ist schon Gegenwart.

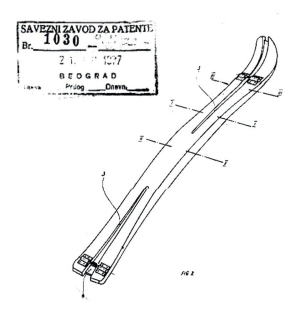

Auf der linken Seite:
Der ehemalige Chef des Entwicklungsbüros Dipl. Ing. Robič, der schon anfangs 70er Jahre eine stärkere Taillierung in Elans Skiproduktion einführte. Seit fünf Jahren befasst er sich mit der Entwicklung der Carvingschlitten.

Oben:
Die Konstrukteure Jure Franko und Pavel Škofic, die beiden Väter des Carvingskis Elan SCX.

Links:
Der im Jahre 1977 patentierte verstellbare Vorgänger des Carvingskis: Mit zwei quergelegten Schrauben liess sich die Taillierung beliebig vergrößern oder vermindern.

Am 7. Oktober 2000 bestieg Davo Karničar dann noch den Gipfel vom Mount Everest und machte gleich danach die fünfstündige Skiabfahrt hinunter. Die spezial für ihn erzeugten Skier wiegen nur etwas über ein Kilogramm.

III. TEIL:

CARVING

◆ Ohne die neuen Ski wäre die neue Schneidetechnik nicht möglich.

◆ Solange die neue Schneidetechnik nicht ausgearbeitet wurde, konnte sich auch der neue Carving-Ski nicht auf dem Skimarkt völlig durchsetzen.

◆ Eigentlich wurden so zwölf Jahre umsonst weggeschmissen.

Der neue Ski und die neue Schneidetechnik

Im diesen Kapitel stellte sich gleich am Beginn eine heikle Frage: An welches Niveau sollte sich der Autor anpassen? Da er seine Leser nicht kennt, konnte er nicht wissen, ob sie schon überzeugte Carvingfahrer sind, die nur noch an den allerneuesten, raffiniertesten Finessen interessiert sind.

Oder möchte vielleicht jemand doch lieber gerade das Gegenteil wissen, sagen wir, warum sich ein durchschnittlich guter oder schlechter Skifahrer kürzere und stärker taillierte Skier anschaffen soll?

Dass man mit Carving-Skiern ein einfacheres Skifahren mit sichererer Skitechnik geniessen kann, das allein ist eigentlich schon wert zu wissen.

Genauso kann aber auch einen durchschnittlichen Skifahrer früher oder später die attraktivere Fahrweise des extremen Carvens verlocken; es sind nämlich für sie genau dieselben vier Basiselemente der Radialtechnik nötig, über die hier am Anfang gesprochen wird.

Zusätzlich fand sich der Autor in einer nicht gerade beneidenswerten Lage:

Während in Deutschland die echten Carving-Fans und die neugebackenen Carver schon lange mit ausgezeichneter Fachliteratur reichlich versorgt sind (außerdem stehen ihnen im Verband SPORTS praktische Ausbildungkurse fast über das ganze Jahr zur Verfügung), dominierte bis vor kurzem an den meisten deutschen Skihängen immerhin die alte Skiausrüstung und die alte Beinspieltechnik.

In meinem Land, Slowenien, läuft der Trend gerade umgekehrt: Die Skifahrer wissen sehr wenig über die neue Skitechnik, doch sie greifen in zunehmendem Ausmaß nach den Carvingskiern - mit denen sie dann die alte Beinspieltechnik weiterfahren...

Aus dieser leicht komischen Sicht scheint es am sinnvollsten, sich der überwiegenden Mehrheit der Nicht-Carver anzuschließen, um ihnen zu erklären, wozu ein richtiger Carving-Ski gemacht ist, warum er so unschön ausschaut - und womit er uns so gut bedienen kann.

> *Schön oder unschön: Die ganze Carvingtechnik basiert auf der frappierenden Fahreigenschaft des Carving-Skis.*
>
> *Deswegen ist die Carvingtechnik so leicht zu erlernen. Das gilt für alle Stufen des skifahrerischen Könnens - von dem vollblutigen Anfänger bis zu dem Schnellfahrer mit sportlicher Rasanz.*
>
> *Noch mehr: Der Weg nach oben bleibt offen - ohne den Zwang, dass für die Stufe der richtigen Carvingfans irgend etwas umzulernen wäre.*

Und letztlich: Da im Vorwort das Wort gegeben wurde, dass dieses Buch kein Lehrplan, sondern nur eine angenehme Plauderei über die verschiedene skifahrerischen Möglichkeiten sein will, muss das Versprochene auch in dem Sinne gehalten werden, dass das Interesse der Mehrheit den Vorrang hat.

Ist Clif Taylor mit seinem Kurz-Kurz-Ski nach 45 Jahren zurückgekehrt?
Die neuen Kurzskier (100 cm) sind stärker tailliert und ein Erzeugnis der neuen Technologie; deswegen halten sie unglaublich und die guten Skifahrer sind auf dem Hang kaum einzuholen.

Carving, Carven, Carver

Die nobel klingenden Wörter wurden aus dem englischen Wortschatz geborgt. Warum?

Weil der erste Extrem-Carver ELAN SCX seinen großen kommerziellen Erfolg erst in den Vereinigten Staaten Amerikas erlebt hat. Dort wurde anfangs der 90er zuerst massenweise "gecarvt".

Als dann 1995 dieser Ski als Ski des Jahres ernannt wurde, bewegte sich gleich auch ganz Europa und der Rest der Welt - für jeden Fall bereit - denn keiner wollte bei einem möglichen Erfolg der Letzte sein.

So hat man kurzerhand auch die Benennung adoptiert - obwohl sich in jeder Sprache das entsprechende heimische Wort anbietet: die Einschneidetechnik oder die Schneidetechnik. Einfach und jedem verständlich.

Doch einige Nationen machten sich deswegen Gedanken. Es wurde sogar wegen der sprachlichen Fahrlässigkeit protestiert. Aber Hand ans Herz: Wie würde sich z.B. auf deutsch der Carver (als Begriff für den Skifahrer, der die Schwünge carvt) übersetzen lassen? Als der Schneider? Das würde für die empfindlichen Ohren noch schmerzlicher klingen.

Der Rausch der Carvingbewegung und der kontrollierten Geschwindigkeit mit einem Hauch der rennfahrerischen Angriffslust.

Carven

Diese Auseinandersetzung wird immer unverständlicher, da nach allen Jahren noch niemanden eingefallen ist, sich endlich auf dem Hang zu treffen und dort der Wahrheit empirisch näher zu kommen. Hat der Carving-Ski diese Fähigkeit oder har er sie nicht? Am Schnee würde sich die Antwort nicht verheimlichen lassen. Aber eine solch gemeine Aufklärung wäre bestimmt des edelsinnigen Wissens nicht anständig. Und die Experten könnten sich dann nicht mehr weiter streiten.

Es bleibt mir also nichts anderes übrig, als mit kargen Worten vorzuschlagen, wie sich jeder darüber selbst überzeugen kann:

-Während der Fahrt den Innenski vorschieben und sich in den Schwung (in das Schwunginnere) neigen. Damit werden die Skier auf die Kanten gestellt. Von da an übernehmen sie die weitere Arbeit. Kein Ski bis jetzt konnte so etwas selbst tun.

Dem geduldigen Leser ist die Geduld bestimmt schon ausgegangen, doch es muss nochmals betont werden, dass der Carving-Ski die Kurve selbst durchfahren kann.

Das wäre nicht nötig so oft zu wiederholen, wenn einige Skiexperten nicht sofort rote Wangen bekommen, sobald sie das hören. Kein Ski kann selbst kurven, sagen sie empört. Man muss ihn in die Kurve lenken. Mit der ensprechenden Technik, freilich.

Gewiss, auch der Carving-Ski kann sich nicht allein auf die Skifahrt begeben und ohne den Skifahrer eine schöne Spur hinter sich ziehen. Jawohl, es ist der Skifahrer, der zuerst die Skier aufkanten muss, bevor sie allein in die Kurve einbiegen können. Doch im Vergleich mit der komplizierten Schwungauslösung, dem Skiandrehen und der Schwungausführung der alten Beinspieltechnik ist diese Aufgabe das Allerwenigste, was vom Skifahrer wohl noch verlangt werden darf. Oder?

Wie macht der Carving-Ski so leicht den Schwung?

Die Skeptiker bemühen sich heftig, die Leute von dieser "Illusion" zu befreien. Sie berufen sich auf die "wissenschaftlichen Beweise", laut denen so etwas unmöglich sei (einige begleiten ihre Ausführung noch mit erbärmlichen Lächeln).

(In der Vergangenheit haben wir uns, die Skilehrer, ausgiebig mit der Biomechanik und Dynamik gespielt und sind uns dabei nicht selten auch ein bisschen lächerlich vorgekommen. Es soll deswegen die genaue mechanische Begründung des Carving-Phänomens den Physikern und Konstrukteuren überlassen werden. Für die gewöhnlichen Benützer, unter welche auch die Skilehrer fallen, sollte es ausreichen, wenn wir zugeben, dass den Skikonstrukteuren, der Produktionstechnologie und den verwendeten Materialien dieses Wunder gelungen ist.)

Die Zeichnung daneben zeigt, wie sich der stark taillierte und auf die Kante gelegte Ski in der Kurve länglich durchbiegt und tatsächlich in der Bahn seiner Gebogenheit durch die Kurve auf der Taillierung ohne abzurutschen gleitet.

Der Ski biegt sich durch:
- wegen seiner **Taillierung,**
- wegen der **Belastung**
- und wegen seiner **Elastizität.**

Die Taillierung und die Elastizität sind dem Ski schon in der Fabrik als die Mitgift mitgegeben. Also sind das die gegebenen Konstanten, auf die der Skifahrer keinen Einfluß hat (der Ski bleibt hart oder weich, weniger oder sehr tailliert).

Doch die **Belastung** ist die Variable:

● Sie steigt (oder vermindert sich) mit der **Geschwindigkeit** und mit der Größe des **Kanteneinsatzes.**

● Je stärker der Ski auf die Kante gestellt wird, um so heftiger greifen die Taillierung und die Kante - **der Ski biegt sich** in seiner ganzen Länge durch.

● Und je stärker er sich durchbiegt, um so kleiner ist der Radius der Kurve..

Gibt es jetzt noch eine Frage, warum ein so durchgebogener Ski von dem Skifahrer keine andere Hilfe braucht, damit er um die Kurve fährt, als dass er für den Kanteneinsatz und für die ausreichende Geschwindigkeit sorgt?

Das Aufkanten

Das Aufkanten kann der Skifahrer auf drei verschiedene Weise ausführen:

● mit der Bewegung der Knie (die alte Beinspieltechnik),

● mit der Neigung der Hüften in das Schwunginnere,

● mit der Neigung des ganzen Körpers in den Schwung hinein (was die gute Carvingtechnik bevorzugt).

● mit beliebiger Kombination aller drei Arten.

Es ist egal, welche Weise der Skifahrer bevorzugt, er muss nur darauf aufpassen, dass die Skier während des Kurvens die ganze Zeit auf den Kanten bleiben.

Für das Übrige übernehmen die Carving-Skier selbst die volle Verantwortung.

● Sie können nicht versagen.

● Sie können sich nicht irren.

● Sie können auch gar nichts vergessen.

Deswegen bieten sie dem Skifahrer ein sicheres Kurven, womit gleichzeitig auch für die sichere Skifahrt gesorgt ist.
Muss darüber noch etwas gesagt werden?

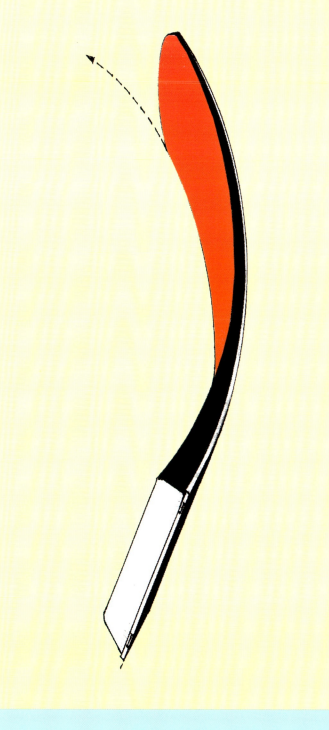

Die auf die Kante gestellten und durch die Belastung durchgebogenen Carvingskier gleiten tatsächlich im Gleise ihrer eigener Gebogenheit durch die Kurve, ohne abzurutschen. Solange sie aufgekantet bleiben, carven sie selbst.

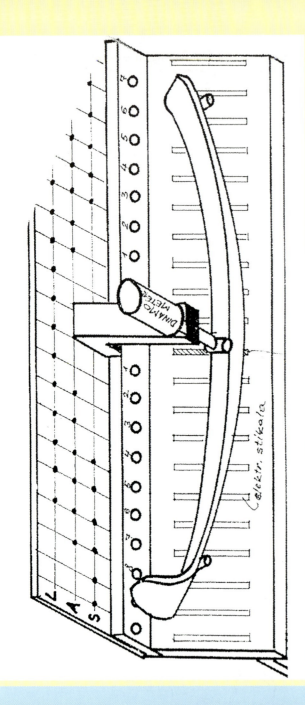

Ein einfaches Gerät zeigt, wie gleichmäßig sich der belastete Ski beugt und sich mit seiner Taillierung an die Unterlage anlegt. Sobald die Kante an ihrer Stelle den Kontakt berührt, leuchtet ein Licht auf. Glühen alle Glühbirnen, bedeutet dies, dass sich die ganze Taillierung gleichmäßig in die Unterlage "eingebissen" hat.

Der praktische Wert der Elastizität.

Für den Skifahrer ist nicht egal, wie stark und wie leicht sich sein Ski durchbiegen läßt. Vergessen wir nicht, dass es von der Skielastizität abhängt, ob für das flotte Kurven eine größere oder kleinere Belastung (der größere oder kleinere Kanteneinsatz und eine größere oder geringere Geschwindigkeit) verlangt wird.

● Bei kleiner Geschwindigkeit werden auch die einwirkenden äußeren Kräfte kleiner - also muss sich der Ski leichter durchbiegen lassen (muss weicher, elastischer sein), wenn der vorsichtige und langsam fahrende Skifahrer mit seinen Skiern ohne Mühe kurven will.

● Und auch umgekehrt: Ein rasanter Skifahrer, der seine Skier stark belastet, braucht unbedingt kompakter gebaute, kräftigere Skier, die auch gegen torsische Deformationen widerstandsfähiger werden (um auf der harte Piste nicht abzurutschen und um eine gute Unterstützung bei höherer Geschwindigkeit zu bieten).

Damit ist gemeint, dass die besten Skier nicht auch die besten für die weniger erfahrenen und vorsichtigeren (langsameren) Skifahrer sind.

Mit solchen Skiern werden sie sich nur quälen.

Für mehr Geld werden sie weniger bekommen, als sie es brauchen.

Deswegen ist es so wichtig, sich vor dem Skieinkauf gut beraten zu lassen.

Der ideale Ski ist für jeden einzelnen Skifahrer eine glückliche Kombination gerade dieser Eigenschaften, die er braucht.

So soll einen sehr kompakten Ski nur der auswählen, der hauptsächlich schnell und auf harten Pisten fährt.

Etwas weichere Skier, aber doch widerstandfähige gegen torsische Deformationen, werden die guten Skifahrer brauchen, die nicht immer mit vollem Tempo hinuntersausen.

Und lieber ein zu weicher als ein zu wenig elastischer Ski wird der richtige für diejenige Skifahrer sein, die eine langsame Fahrt bevorzugen und die eisigen Stellen ausweichen.

Am besten ist, vor dem Skieinkauf an einem kostenlosen Skitest am Hang teilzunehmen. Dort kann sich jeder überzeugen, welches Skimodell für seine Fahrweise das Günstigste wäre.

Die zweite Zeichnung links zeigt ein elektronisches Gerät für die Überprüfung, wie gleichmäßig sich der belastete und auf die Kante gestellte Ski durchbiegt und mit der Taillierung an die Unterlage anlegt. Sobald die Kante den "Boden" berührt, leuchtet an dieser Stelle das kleine Licht auf. So kann man sehr genau sehen, ob sich der Ski beim Kurven mit seinem ganzen seitlichen Bogen gut auf die Schneeunterlage anpasst. Ein so gebogener Ski gibt dem Skifahrer das gute Gefühl, das seine Kante in der ganzen Länge zugreift. Deswegen gleitet der Ski durch die Kurve ruhig und zuverlässig.

Ist das nicht der Fall, kann es geschehen, dass die Kante nur an einigen Stellen zugreift, oder sie greift hier oder dort stärker, womit die feine Fahrt unter den unruhigen Ski leidet.

Die Bemerkung, dass mit dem Carving nur eintöniges, in seiner Wiederholung langweiliges Kurven möglich ist, stimmt, so wie manche andere Bemerkungen, nicht. Man kann den kurvigen Weg nach unten genauso kreativ variieren - wenn man nicht von eigenen guten Einfällen ganz verlassen ist.

Der Carvingfahrer braucht keinenfalls der Gefangene seiner Skiausrüstung sein. Es hängt bloß von der Feinheit seiner Bewegungsgefühle und seines Könnens ab, wie gut er das Terrain optimal ausnutzen wird. Nichts ist voraus programmiert - ausser, vielleicht, die Einstellung einiger Leute.

Keine Rede von monotonem Skifahren

Noch einen Vorwurf benützen die skeptischen Kritiker: "Ein langweiliges Skifahren!" meinten sie, sobald sie gehört haben, dass der Radius der ausgefahrenen Kurve mit einem 1,6 Meter langen Carving-Ski ungefähr zwischen neun und zehn Meter liegt. "Immer das Gleiche kurven!" jammern sie. "Und das soll ein spannendes Skifahren sein!"

Offensichtlich stellen sie sich vor, dass sich der arme Carver den ganzen Tag in lauter zehnmetrigen Kurven herum kutschieren lässt, bis er am Abend vor lauter Schwindel zusammenfällt.

"Zum verrückt werden," seufzte einer von den Gegnern und verdrehte seine Augen.

Als ob nicht genügend oft gesagt wurde, dass neben der Gegebenheiten, die schon aus der Produktionhalle mitkommen, noch die variablen Einwirkungen da sind, mit denen der Skifahrer wesentlich die Größe des Radius beeinflüssen kann. Das sind die Geschwindigkeit und der Kanteneinsatz!

Nur eine etwas andere Geschwindigkeit und ein leicht verminderter oder vergrößerter Kanteneinsatz, und schon verändern sich die gesamten äußeren Kräfte. Diese Kräfte bestimmen als Belastung die Größe der Skidurchbiegung mit. Die Skier werden sich weniger oder stärker durchbiegen. Der ausgefahrene Bogen wird kürzer oder länger. Man kann den Radius auf 20, 50 oder sogar auf 100 Meter und noch mehr ausdehnen.

Ohne Mühe, ohne jegliche Anstrengung überlässt sich der Skifahrer der Taillierung seiner Skier. Die Körperlage wirkt so natürlich, weil der ausgestreckte Körper eigentlich noch immer senkrecht auf den aufgekanteten Skiern steht. Dadurch bleiben auch alle Belastungen in der Richtung des Skelettes.

Eigentlich keine vorgeschriebene Skitechnik

Carven, die Technik des Einschneidens, ist bestimmt eine gute Skitechnik, doch keinenfalls die einzig richtige. Wer nicht Rennen fährt, kann auch eine andere Skitechnik bevorzügen, falls die ihm besser gefällt.

Dasselbe gilt für den Carving-Ski. Man muss nicht unbedingt ein eingeschworener Carving-Fan sein.

Für mein Geschmack ist der extreme Carving-Ski sogar keine besondere Schönheit. Ich kann nicht helfen: Auch die funktionelle Ästhetik einer Schaufel zum Schneeschaufeln reißt mich nicht hin. Aber da muss ich gleich zugeben, dass ich zur Zeit keinen besseren Ski für das Skifahren kenne.

Der stärker taillierte Ski hatte sich in seiner verschiedenen Ausführungen als ein sehr wendiges, leicht zu manövrierendes und kürzeres Gerät bewiesen. Der ist einfach da. Oder besser gesagt: Er ist im Kommen. Und ist nicht mehr weg zu kriegen.

Das heißt aber nicht, dass wir ab heute nur noch die extreme Carvintechnik fahren müssen.

Das extreme Carven macht zwar riesigen Spaß. Ist eine reizende Herausfordererung. Und ist zweifellos die Skitechnik, die dem neuen Ski auf die Haut geschrieben ist.

Doch gleichzeitig brachte der Carving-Ski auch dem unteren Teil der durchschnittlichen Skifahrer eine große Erleichterung - wenn man sie annehmen will. Die Carvingtechnik für die Anfänger und für die weniger anspruchvolle Skifahrer ist unglaublich einfach und schnell zu erlernen.

Will man aber eben keine einfache Skitechnik, so kann man mit allen Carvingmodellen auch die alte Beinspieltechnik weiterfahren.

Oder man kann auch kombinieren: Seine beliebte alte Skitechnik mit einigen Elementen des Carving-Fahrens bereichen. Auf die einfachste Weise gesagt: Skifahren a la carte.

Vielleicht sollen wir die fünf charakteristischen Fahrweisen aufzählen:

> **1. Das extreme Carven mit dem Extremcarver als Virtuosität,**
> **2. das mäßige Carven mit allen Carvingmodellen für die Skifahrer aller Stufen des Könnens,**
> **3. die alte Beinspieltechnik auf den neuen Skiern,**
> **4. eine gemischte Fahrweise: das Alte, bereichert mit den Elementen der neuen Carvingtechnik**
> **5. und, nicht zuletzt, die neue Carving-Renntechnik.**

Eine größere Spannweite könnte man sich kaum noch ausdenken.

Die neue Radialtechnik

Schon 1996 schrieb auch der Autor sein Carvingbuch in slowenischer Sprache (Die neue Skischule). Mit aller Bescheidenheit erlaube ich mir zwei Zitate aus diesem Buch:

"**Die Radialtechnik ist keine neue Mode...Für die Allerbesten ist sie eine Herausforderung zu einer äußerst dynamischen und rasanten Skifahrt, die dem Trickskilauf ähnelt und jedem freie Wege für eigene Einfälle offen lässt...**
Aber ganz abgesehen von den hohen Leistungen der Skivirtuosen, die sich in die Ekstase fahren, ist die Radialtechnik in ihrer Grundform nicht weniger wichtig für die allgemeine Skipopulation, die dank ihrer Hilfe eine große Erleichterung und Vereinfachung des Skifahrens bekommen hat."

Fangen wir mit der Fahrweise Nummer 2 an: **Das mäßige Carven,** früher auch **die Radialtechnik** genannt. Diese Technik entwickelte alle vier Bausteine der heutigen Carvingtechnik, die noch immer da sind:

- den Diagonalschritt,
- das Aufkanten mit der Neigung des ganzen Körpers in den Schwung hinein,
- die offene Skiführung in der Hüftenbreite,
- die Belastung der beiden Skier.

Freilich, und dazu gehört auch der neue Ski mit betonter Taillierung.

Im wesentlichen kann man die Begriffe der Radialtechnik anfangs 90er als eine Synthese der schon 1989 von Dr. Walter Kuchler beschriebener Diagonaltechnik, der Blocktechnik und der neuen Renntechnik annehmen (Dr. Walter Kuchler, Die neue Skitechnik, rororo Verlag, 1989).

Nirgends auf der Welt wurde zu dieser Zeit die zehnjährige Entwicklung so sorgfältig beobachtet und so systematisch bearbeitet.

1995 veröffetlichte Kuchler den ersten Lehrplan der neuen Radialtechnik "SuperSki - radikal radial" - Skilehrplan alpin von SPORTS.

Danach folgte fast jedes Jahr ein neues Buch, in der letzten Zeit sogar mehrere Bücher.

So sehe ich die Carvingtechnik noch heute: Für mich ist die Carvingtechnik wegen ihrer breiten Möglichkeiten eine fein nuancierte Skitechnik, die definitiv aus den guten Eigenschaften der Skikonstruktion herauswächst und jedem Skifahrer das Seine anzubieten hat.

Ein Stück Geschichte: Ein SPORTS Skikurs für Carvingsenioren im Spätsommer 1995; Kuchlers Lehrplan "Superski-radial radikal" war zu dieser Zeit der erste Carving Lehrpan auf der Welt, der nicht die alte Skitechnik dem Neuen unterzuschieben versuchte.

Die vier Grundsteine der neuen Technik

1. Der Diagonalschritt

Ein gelehrter Begriff. Aber im alltäglichen Leben machen wir diesen Schritt abertausendmals beim Gehen - ohne zu wissen, dass er so heißt. Immer begleitet die Fußbewegung den leichten Schwung des anderen Arm. Rechter Fuß, linker Arm und umgekehrt. Wäre es nicht so, würden wir beim Gehen wie das Kamel wackeln.

Also: Den Innenski weit nach vorne schieben und die äußere Hand vorwärts schwenken lassen. Damit übertragen wir die angeborene motorische Automatik des Gehens auch in das Skifahren. Wenn wir dabei nicht denken, wird die Reihenfolge unserer Glieder automatisch koordiniert.

(Die alte Fabel erzählt, wie einst die Bandassel gefragt wurde, wie sie so genau wissen konnte, welcher Fuß nach dem anderen zu bewegen sei. Da fing sie an zu denken. Je tiefer sie nachdachte, um so weniger wurde ihr klar, welcher Fuß der richtige sein sollte. Am Ende blieb sie am Strassenrande auf dem Rücken liegend und alle ihre hundert Füße ragten ganz verwirrt in die Luft.)

Der vorgeschobene Innenski zieht nach dem Aufkanten mit seiner Schaufel selbst in die Kurve hinein - wenn wir bloß ein klein wenig (einen Sekundenbruchteil) abwarten. Die Ungeduldigen können dieses sonderbare Gefühl nicht erleben, weil sie gewohnt sind, die Skier sofort selbst mit eigener Muskelkraft in den Schwung zu schieben. Schade. Schon wegen der Erfahrung (oder Neugier) wäre es interessant, dieses Erlebnis, wie der Ski selbst einlenkt, auszuprobieren.

2. Der Kanteneinsatz

Gleich nach dem Diagonalschritt folgt die leichte Neigung mit dem ganzen Körper in das Schwunginnere. Mit der Neigung des Körpers werden die Skier aufgekantet. Das reicht. Kurz nachher schneiden sie selbst in die Kurve ein.

Von da an übernimmt der Carving-Ski selbst die weitere Ausführung des Schwunges.

(Wir wissen schon: Falls langsam und mit kleinem Kanteneinsatz gefahren wird, wird die Kurve ausgedehnt).

Wollen wir das Einschneiden mit voller Kraft beschleunigen und den Radius verkleinern, dann müssen die Skier stärker aufgekantet sein. Man neigt sich also tiefer in das Schwunginnere

O.K. Aber da wartet eine Tücke!

Größere Körperneigung braucht nämlich eine größere Unterstützung der Zentrifugalkräfte, die mit der Geschwindigkeit wachsen. Ohne diese Unterstützung würde der Skifahrer im Schnee landen.

Da fängt eigentlich das feine Spiel an. Immer spüren, wie weit darf man sich in die Kurve hinein neigen, damit die Unterstützung ausreicht und damit die Kanten noch den guten Halt liefern. Bei Anfängern und vorsichtigen Skifahrern ist diese Zurückhaltung überflüssig, da sie sich in der Regel lieber viel zu wenig neigen als zu weit, der gefährlichen Zone nahe.

Aber wer die Lust hat, sich zu prüfen, und wer ein leichtes Hineinlegen in den Schnee nicht sofort als eine Katastrophe, sondern als Teil des Spieles annimmt, wird damit viel Spaß haben und wird sich schnell der guten Fahrt annähern.

Mit dem Körper, mit der Hüfte, oder Beides

Die meisten Skischulen beharren auf dem Aufkanten mit der Kniebewegung.

In der Tat geht es so am schnellsten. Überhaupt beim Kurzschwingen, aus der Hochposition, wo der Skifahrer in der Lage ist, blitzschnell den Kantenwächsel auszuführen.

Leider verlangt diese Art des Aufkantens eine lange Übung, bevor der Skifahrer fähig ist, die Skier auf die Kante zu stellen, ohne sich dabei in unmöglich verkrümte, unnatürliche und manchmal komische Körperpositionen zu verwandeln.

Außerdem hat das Kniegelenk die Mutter Natur für die Beugung der Beine in der Richtung des Gehens hergestellt, nicht für die seitlichen Durchbiegungen. Das Knie (samt Beinmuskulatur und Kniebändern) ist zwar ein ausgezeichneter Stoßdämpfer, doch nicht mit unbegrenzter Garantie gegen die Abnutzung und gegen andere Beschädigungen. Seine Belastunggrenze ist leider nicht all zu hoch normiert. Ganz besonders gilt das für die seitlichen exzentrischen Belastungen.

Die Rennläufer verlassen sich deswegen schon längst lieber auf die Hüften. Die sind robuster gebaut und dadurch auch bei größerer Geschwindigkeit und stärkerer Belastung zuverlässiger. Der Kanteneinsatz aus der Hüfte wird kräftiger. Der Körper erträgt die in der Richtung des Skelettes einwirkende äußere Kräfte am leichtesten, da die Knochen in ihrer länglichen Achse am stärksten sind. Deswegen sind auch die Beschädigungen kleiner -

besonders bei denjenigen Skifahrern, die schon gewisse Knochen-und-Gelenkprobleme haben. Also ein Bonus, auf den nicht zu verzichten ist!

Die Neigung mit dem ganzen Körper

Im Wesentlichen ist die Neigung der Hüfte nur eine am Leib gebrochene Körperneigung. Der Rennläufer kann es sich nicht leisten, mit dem ausgestreckten Körper weit weg um die Torstange zu fahren, er muss sie dicht passieren. Deswegen beugt er sich in der Hüfte und weicht mit dem weggelehnten Oberkörper aus. Damit korrigiert er auch die Lage des Schwerpunktes und vermindert die Möglichkeit eines Ausbrechens der Kanten.

Die Zeichnung zeigt deutlich, wo sich die beiden Achsen in der Neigung trennen. Immerhin wirken die äußeren Kräfte in dem unteren Teil direkt. Anderen Belastungen wird nur die Wirbelsäule ausgesetzt.

Für eine gemütliche - aber genauso für die sportliche Fahrt - ist eine Neigung mit dem Körper in den Schwung hinein die allereinfachste, die sicherste und die am wenigsten ermüdende und die für die Gelenke unschädliche Art des Kanteneinsatzes. Und dazu: Noch keiner hatte bis jetzt Schwierigkeiten, dies zu erlernen.

In der Skischule galt die Neigung mit dem Körper in das Schwunginnere lange als ein großer Fehler. "Du hängst in den

Schwung!" war die übliche Konstatierung, wenn dem Skilehrer nichts Besseres eingefallen war.

Das war auch der Grund, warum in den meisten Skischulen nie die ganz großen Experten für das Befahren der eisigen Pisten daheim waren. Und noch weniger konnten dafür ihre Klienten befähigt werden.

Deswegen Hand aufs Herz: Mit unserer "Kniearbeit" (hauptsächlich aus stolz ausgestreckter Körperposition) produzierten wir eine ganze Menge von Paradefahrer für die gut präparierten Pisten, auf denen schon ein leichter Kanteneinsatz ausreicht. Sobald es aber härter wurde, fing das übliche Jammern an, wie "schlecht" die Skier seien, weil "die Kanten nicht halten".

Ganz abgesehen davon, dass die schlecht gepflegten Skier mit abgerundeten Kanten auf den härten Pisten nicht halten können, muss auch die Hauptfrage gestellt werden: Liegen die Skier nicht zu flach auf dem Schnee wegen einer ungenügenden "Kniearbeit"?

Hätte sich ein unzufriedener Skifahrer seine Aufnahmen angeschaut und sie mit denen eines Renläufers verglichen. So könnte er den großen Unterschied feststellen. Während er selbst die Skier mit seiner Kniebewegung kaum auf die Kanten gestellt hat, lag der Andere mit seinem ganzen Körper so tief in dem Schwunginneren, dass seine Oberschenkel fast die Schneefläche berührten. Freilich griffen dadurch auch seine Kanten auf der Schneeunterlage unter einem ganz anderem Winkel und konnten so unvergleichbar besseren Halt zusichern.

Das Aufkanten nur mit den Knien, oder lieber, auch mit der Neigung der Hüfte oder des ganzen Körpers auszuführen, kann heutzutage keine ernsthafte Frage mehr sein.

Es ist auch Zeit, endlich zurück zu blicken und sich ehrlich zu fragen: Wie viele unnötige skifahrerische Invaliden haben wir in der Vergangenheit mit unserem Unterricht der Beinspieltechnik produziert?

Ohne Bosheit, aber doch mit dem Gefühl eines schlechten Gewissens frage ich mich, ob auch die Skischule schon je darüber nachgedacht hat, dass fast jeder von uns langjährigen Skilehrer eine Reihe von Kollegen oder ehemaligen Schüler kennt, die wegen des abgenutzten Knieknorpels oder wegen der deformierten Lendenwirbeln - hauptsächlich verursacht durch die exzentrischen Belastungen und wegen der gezwungenen, unnatürlichen Körperhaltung - heute große Schwierigkeiten haben. Darüber ist die offizielle Skischule noch immer nicht bereit ihren Teil der Schuld aufrichtig zuzugeben. Sie vertieft sich viel lieber in die pikanten Klügeleien über die Mechanik eines Schwunges (was die meisten Skifahrer sowieso nicht verstehen), als über das Wohl der skifahrerischen Population nachzudenken.

Vielleicht ist es aus dieser Sicht am Ende doch nützlich, nochmals und nochmals den Vorteil einer schonenden Skitechnik zu betonen. Dass zu einer solchen Skitechnik auch ein dem menschlichen Körper angemessener Kanteneinsatz zählt, muss offensichtlich klar sein.

Ja, wir bemühen uns, den Leuten ein gutes Skifahren zu ermöglichen. Und zwar soll das mit einer Skitechnik geschehen, die gleichzeitig leicht und auch interessant ist, vor allem aber dem menschlichen Körper gegenüber freundlicher als die bisherige sein muss.

Carven mit den extremen Carvingskiern in der perfekten Schulausführung, die für jeden verständlich und deutlich demonstriert ist. Von hier an ist nur noch ein kurzer Schritt zu den attraktivsten Carvingschwüngen.

3. Die offene Skiführung

Ganz im Gegensatz mit der Jahrzente dauernder Mode, die Skier und die Füße so eng wie möglich zusammen zu pressen, heißt die dritte Maxime der Carvingtechnik: offene Skiführung! Die Füße und Skier also in einer hüftbreiten Lage halten! Dadurch bekommt der Skifahrer eine breitere Unterstützungfläche, die sein dynamisches Gleichgewicht deutlich kräftigt (einige Nationalskischulen haben eine solche Skiführung bei guter Terrainfahrt nie ganz abgeschrieben).

Normalerweise sollen die Skier ungefähr anderthalb bis zwei Handspannen auseinander geführt werden, so wie die Beine unter den Hüften sitzen. Man spricht von einem natürlichen Stand. So, wie wir auch sonst gewohnt sind zu stehen. (Bei dem extremen Carving-Ski sind die Skischaufeln und Skienden so breit, dass eine sehr schmale Skiführung auch technisch nicht ausführbar wäre). Doch kann der Skiabstand beim extremen Carven, wo manchmal der äußere Bein ganz ausgestreckt wird, noch weit breiter werden.

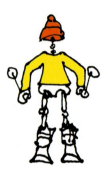

Um nicht missverstanden zu werden: Das gute Skifahren mit eng geschlossener Skiführung ist eine Meisterarbeit - wenn der Skifahrer seine Arbeit wirklich beherrscht. Wenn er so ohne Mühe fährt, als ob es das Selbstverständlichste auf der Welt wäre, mit faszinierender Leichtigkeit, harmonisch und ohne das geringste Zeichen einer imitierten Mode.

Auf eine so glänzende Skifahrt irgend jemandem zu Liebe zu verzichten, das wäre dumm.

Die offene Skiführung kann eine absichtliche Skihaltung sein oder bloß die Folge eines abgerutschten Skis. Der Unterschied lässt sich leicht erkennen: Ein Carvingski mit gutem Kanteneinsatz rutscht nicht ab.

Doch, dem Zuschauer tun die missglückten Nachahmer eine richtige Qual an. Sie sind überzeugt, dass man schon dadurch ein guter Skifahrer wird, wenn man die Füße eng zusammenpresst. Dabei fehlen ihnen aber alle anderen, in Wirklichkeit viel wichtigeren skifahrerischen Geschicklichkeiten. Noch schlimmer: Wegen ihrer falschen Einbildung blockieren sie sogar diese Begabungen, die sie mit vielen gefahrenen Kilometern vieleicht entwickeln könnten. So bleiben sie zur ewigen Steifheit verurteilt - ein Symbol der verpfuschten Bestrebungen.

4. Die beiden Ski belasten!

Der gemütliche Stand auf den beiden Skiern ist beim Carving-Ski der natürlichste Stand. Die beiden Skier werden gleich belastet.
Dem Anfänger braucht man darüber überhaupt nichts zu erzählen. Er hat noch keine Ahnung von Innen-und-Außenski. Für ihn sind die beiden gleich, die beiden Skier sind ihm gleich wertvoll.

Aber auch aus rein technischen Gründen ist es logisch, dass der Skifahrer in der Kurve die beiden Skier möglichst gleich belastet. Denn, wenn der liebe Leser die Prinzipien des Carving-Fahrens noch in Erinnerung hält: Ein Paar gleich belasteter und gleich aufgekanteter Skier werden sich in ihrer Länge gleich durchbiegen. Also werden ihre Taillierungen den parallelen Bogen auch parallel ausfahren!

In der Praxis geschieht es oft, dass ein Ski stärker belastet wird als der andere. Die Folgen sind dementsprechend: Der stärker belastete Ski biegt sich etwas mehr durch - und schon schneidet er einen engeren Bogen. Ist das der innere Ski, so kommt der Skifahrer aus der Kurve in einer leicht aufgescherten Skiposition. Biegt sich aber der äußere Ski stärker, dann endet der Schwung

mit einer leichten Stemmstellung. All das beweist nur das Eine: Der Carving-Ski carvt tatsächlich von alleine, sobald die Voraussetzungen erfüllt sind.

Wer also eine ideal parallele Kurve ziehen will, muss auf den gleichen Kanteinsatz und auf die gleiche Belastung beiden Skier achten,

Das bedeutet aber nicht, dass der ganze Schwung nicht auch nur auf einem Ski, dem Inneren oder dem Äußeren, ausgefahren sein kann. Im solchen Falle schleppt sich der nicht belastete Ski einfach mit. Oft in der Luft.

Was haben uns diese Beispiele gelernt?
Sie zeigten uns, das beim Carving-Fahren eine Gewichtübertragung auf den Außenski absolut unnötig ist. Sie ist zwar möglich, wenn jemand das gerne tut, - es muss aber nicht sein.

Deswegen wird eine vernünftige Skischule den Anfänger bestimmt nicht mit der Gewichtübertragung auf den Außenski - wenigstens nicht am Anfang - belasten. Warum nur? Um ihm das Skifahren schwieriger zu machen? Oder um ihn bloß zu verwirren??

Oder... auch das ist möglich: Wenn sie sich unbedingt als die einzig zuständige Instanz für die Überwachung der Parallelschwünge beweisen will? Dann ist verständlicher, dass ihr sogar die CarvingSkier, die selbst parallel carven können, nicht ausweichen dürfen.

Aufgekantete Skier carven durch ihre Kurve so lange, bis sie den Hang hochziehen, oder, wenn die Geschwindigkeit ausreicht, sie sogar einen Kreis vom 360 Grad fahren.

Wenn aber der Skifahrer den Schwung unterbrechen und in die neue Richtung schneiden will, dann muss er bloß den Kanteinsatz auflösen, sich auf die andere Seite neigen, womit er die Skier für die neue Richtung aufkantet und schon schneidet er in die neue Kurve.

Schnell, spielerisch und fließend, so carven die Skifahrer, die den Carvingski für ihr liebes Spielzeug halten.

Aber, bitte, beachten Sie! Niemals während des Kurvens die beiden Skier belasten, wenn Sie die beiden eng zusammmgeschlossen führen! Das geht nicht! Die offene Skiführung ist die unentbehrliche Grundbedingung, wenn Sie die beiden Skier belasten wollen. Sonst werden Sie wie vom Blitz getroffen auf einmal in den Schnee geworfen. Wer das nich glaubt, soll es selbst ausprobieren. Es ist aber ratsam, für diese harmlose Überzeugung einen weichen Schnee auszusuchen.

Nochmals, ohne Scherz: Die enggeschlossene Skiführung ist eine Einbeintechnik. Bei der wird nur ein Ski belastet. Die Belastung beider Skier verlangt unbedingt die offene Skiführung. Vergessen Sie, bitte, das nicht.

94

Egal wie stark sich die Piste verengt, das Carven bleibt in der gewünschten Geschwindigkeit durch die exakt und völlig ausgefahrenen Kurven und durch den schärferen Kanteneinsatz, der den Kurvenradius verkleinert, kontrolliert.

Vorteile

(und auch Nachteile)

Es wäre nicht korrekt, über die Vorteile und Nachteile der neuen Skiern zu schweigen:

Der Carving-Ski hat im Vergleich zu normalen Ski bestimmt viele und gute Vorteile. Ist aber doch nicht ganz ohne (einige) Nachteile. Man versteht nicht, dass die Konstrukteure und Verkaufsleute über so wichtige Dinge kein offenes Wort sagen. Noch schlimmer: Sie hören ungern, wenn ihnen so etwas zu Ohren kommt.

Aber der Skifahrer hat als Käufer sein gutes Recht, über alle Skieigenschaften genau und rechtzeitig informiert zu werden. Rechtzeitig heißt: Bevor er sich entscheidet, von den alten Skiern auf die neuen umzusteigen.

Damit wird der Produzent jedem schlechten Ruf und der Käufer allen möglichen späteren Enttäuschungen ausweichen.

Man kann sagen: Ein korrektes Verhältnis. Denn kein Ski ist so universal, dass mit ihm unbedingt jeder zufrieden sein muss.

Wenngleich in diesem Buch schon alles über die Vorteile des Carving-Skis gesagt wurde, hier nochmals ein Überblick:

- Man fährt den Carving-Ski leichter, schwingt mit ihm leichter und beherrscht das Kurven mit größerer Sicherheit.

- Ein guter Skifahrer kann die Carving-Technik in einer halben Stunde erlernen.

- Ein weniger guter Skifahrer macht das in einigen Stunden.

Der selbst denkende Skifahrer wird schwer verstehen, dass er nur über die international gesegnete und "einzig richtige" Skitechnik informiert sein darf.

● Der Anfänger lernt das Carven in zwei bis drei Tagen.

● Der selbstcarvende Ski kann sich nicht irren, so gibt es kaum noch misslungene Schwünge.

● Während einer normalen Fahrt strengt sich der Skifahrer viel weniger an, da der neue Ski selbst den größten Teil der Aufgabe übernimmt.

● Das Carven ist eine körperschonende Technik (die Glieder und die Wirbelsäule sind weniger den ungünstigen Belastungen ausgesetzt).

● Die Carving-Technik ermöglicht unglaublich schnell eine Meisterstufe zu erklimmen.

● Die kürzeren Skier sind leichter zu transportieren und zu tragen.

Die erfahrenen Carvingfahrer vermeiden die unruhige Abfahrt auf den flachgelegten Skiunterflächen. Sie kanten die Skier lieber ganz leicht auf und machen ihre "Schussfahrt" in sehr langgezogenen Bögen. Da gleiten die Skier ruhig und sicher.

Die Nachteile

Auch die wurden schon einige Male erwähnt; aber wiederholen wir sie nochmals:

● Der Carving-Ski bietet seine guten Leistungen nur, wenn er auf die Kante gestellt ist.

● Für das Gleiten auf der Skifläche ist der Carving-Ski kein guter Ski (man kennt viele Bessere).

● Die schnelle Schussfahrt ist absolut abzuraten, der Ski gleitet unruhig und unsicher (statt einer geraden Abfahrt macht man lieber einige sanfte, kaum bemerkenden Bögen, bei denen die Skier leicht auf den Kanten gleiten - dann ist die Fahrt absolut sicher).

● Die Skier lassen sich nicht flach hin und her schieben, sie mögen kein seitliches Abrutschen.

● Ein plötzliches Anhalten in schneller Fahrt mit Stemmstellung oder Querstellung der Skier endet gerne mit dem Sturz über die Skispitzen oder über die Kanten.

● Beim Stemmbogen kreuzen sich gerne die Skispitzen, was logisch ist: Die beiden Taillierungen auf den inneren Skiseiten sind gegeneinander gerichtet).

Aber ein guter Skifahrer könnte wegen seiner guten Gefühle und Erfahrungen viele der aufgezählten Problemfahrten ganz anständig ausführen, was dagegen für die Anfänger und die weniger gute Skifahrer gefährlich sein könnte.*

*Schließlich hättte der Direktor der Aspens Skischule Mr. Harison in seiner lobender Aussage über den Carving-Ski nicht öffentlich gesagt, dass dieser Ski ein ausgezeichneter Helfer für alle Skifahrer ist - außer für die reinen Anfänger und für die weniger erfahrenen Schüler. (Aber auch diese Aussage stimmt nur teilweise: der Carving-Ski kann für die Anfänger wirklich schwieriger sein, wenn man sie statt in die neue Skitechnik lieber nach dem alten Lehrplan in die alte Skitechnik einführt!)

Die Halbcarver

"das Normale" sein? Schwer zu sagen. Und noch schwieriger jemanden zu beraten, da der Skimarkt mit lauter schön dekorierten Bretteln überfüllt ist.

Wenn man nicht alles selbst ausprobiert, muss man sich an die Fachleute, die das getan haben, verlassen. Eine große Hilfe sind die objektiven Skitests - solange sie objektiv bleiben. Mit ihrer Veröffentlichung und an der Zuverlässigkeit der Namen, die für die Objektivität einstehen, kann sich der heutige Skifahrer noch am besten orientieren.

Doch auch das eben Gesagte ändert sich fast täglich. Es ändert sich vom Skimodell zum Skimodell, mit denen der Skimarkt buchstäblich überschwemmt wird.
Die sogenanten "Halbcarver" liegen irgendwo "dazwischen".
Das sind die "Carving-Skier" mit etwas verminderter Taillierung, genauso kürzer und in verschiedenen technologischen Ausführungen, je nach den verschiedenen Zwecken, für die sie gebaut sind. Die Spanne reicht vom fast normalen RS-Ski bis in die Nähe des Extremcarvers. Dem entsprechend sind auch ihre Fahreigenschaften.
So kann man sich auch Modelle aussuchen, die sogar flach gelegt nicht schlecht gleiten. Freilich ist ein solcher Ski dann schlehter beim Kurven, schneidet nicht so freudig in den Schwung hinein, hält schlechter auf der harten Piste, mit einem Wort: So ein Ski macht selbst weniger mit. Lässt sich aber leicht mit den Füßen in alle Richtungen führen.
Für die Skifahrer, die selbst nicht wissen, was sie brauchen und wie sie skifahren sollen, ein angemessener Ski.

Es gibt auch richtige Rennskier, kürzer, aber seitlich scharf tailliert und für die schnellen, anspruchsvollen Skifahrer vorbereitet.
Und es gibt ganz witzige kurze Skier (auch unter einen Meter Länge), mit denen einige so souverän kurven, wie die Anderen mit den langen Skiern.

Was ist dann heutzutage überhaupt noch das Richtige? Und was ist eigentlich "normal"? Wird morgen das Heutige auch noch

Mit den Anfängern geht es am leichtesten

Noch einmal gesagt: Was nun folgt, ist kein offizieller Lehrplan. Es ist viel mehr nur ein Erfahrungsbericht über die Carving Skikurse, die ich schon vor einigen Jahren mit vollblutigen Anfängern mehrmals durchgeführt habe.

Weit weg von dem, dass damit der "richtige" Weg vorgestellt wird. Für mich waren diese Skikurse eher ein Versuch, eine Antwort auf die Frage, die mir damals keine Ruhe gab, zu finden: Kann man beim Extremcarver eine andere, direkte Unterrichtsmethode verwenden?

Die Ausgangpunkte, die mir als eine Orientierung dienten, waren folgende:

- Die Unterrichtsmethode, die auf die guten Skieigenschaften aufbaute.

- Die Schwachpunkte der Carving-Skier so weit wie möglich vermeiden.

- Was die guten Eigenschaften und welche die Schlechten waren, war für den Extremcarver damals vielleicht noch besser bekannt als heute, da in der Tat nur ein Modell zu Verfügung stand.

- Dass der Extremcarver SCX für die Kantenfahrt konstruiert wurde, das war in dieser Zeit mehr eine Vermutung als eine von allen anerkannte Tatsache. Dass er, auf die Kanten gestellt, selbst parallel einbiegen und parallel durch die Kurve fahren konnte, wussten nicht all zu viele Leute.

◆ Fein. Das sollte man beim Unterricht ausnützen, dachte ich mir.

◆ Gleichzeitig konnte ich schon feststellen, dass der Carver, flach auf den Schnee gelegt, nicht seitlich abrutschen mochte. Er lag nicht ruhig in der Schussfahrt. Und die Skispitzen überkreuzten sich, sobald man die Skier in die Pflugstellung setzte.

Also warum nicht gleich am Beginn alles, was hilft und mitspielt in Kauf nehmen und das Andere vergessen?
Mag sein, dass ich lästig bin. Aber es kam mir damals furchtbar unvernünftig vor, dass die offiziell verwendete Lehrmethode gerade an den drei Schwachpunkten verharrte.

Warum nicht den Lehrplan auf den Kopf stellen und den ganzen Unterricht den außerordentlichen Skieigenschaften unterordnen?
Ein häretischer Gedanke. Ich gebe dies gerne zu.
Aber warum nicht?
Offensichtlich war die Skischule schon deswegen dagegen, weil sie schon seit jeher gegen alle Anpassungen unfreundlich eingestellt war. Ach, der alte Lehrplan wurde in seiner Zeit und für die damalige Ausrüstung ganz logisch zusammengestellt. Und weil sich die damaligen Skier nur schwer andrehen liessen, war auch der Umweg zum Paralleschwung über den leichteren Stemmbogen verständlich.

Aber warum jetzt, da die Carvingskier selbst parallel einbiegen können, dieselbe Methode verwenden? Der Umweg über den Stemmbogen zum Parallelschwung ist in den neuen Zeiten weder nötig noch vernünftig.

Das waren die Ausgangpunkte, warum der Unterricht von Anfang an dem Kanteneinsatz unterworfen sein sollte.
Statt der Schussfahrt, also gleich am Beginn die Schrägfahrt üben.
Am schönen, leicht geneigten Terrain lernt der Anfänger den Kanteneinsatz automatisch. Diesen macht das Terrain selbst.
Der Anfänger steht in der Schrägfahrt auf beiden Füßen wie bei der Schussfahrt: mit dem Körper und Gesicht in die Fahrrichtung schauend. Von dem unteren oder oberen Ski überhaupt keine

Ein bekannter und erfahrener Skifahrer, als er zum ersten Male die Carvingskier bestieg: In wenigen Minuten begriff er alle vier Elemente der Carvingtechnik.

Die Geradefahrt in der Schräge: Man sammelt so die gefahrenen Kilometer und macht sich unbewusst auch mit einem leichten Kanteneinsatz bekannt. Dieser entsteht durch die sanfte Geländeneigung von selbst. Soche Schrägfahrten sind sehr nützlich bei Anfängerkursen auf zu steilen Hängen oder mit zu kurzem Auslauf.

Rede. Von der vorgeschriebener Körperposition für die Schrägfahrt auch nicht.*

Ich habe mit kleineren Gruppen gearbeitet, keiner von den Teilnehmern ist noch nie auf den Skiern gestanden.
Wir fuhren alle 140 cm lange Extremcarver.

● Die ersten 15 Minuten vergingen für die Anpassung im flachen Gelände. Die üblichen Übungen. Sehr ungebunden. Bis auf eines. **Am Ende muss jeder die Spitzkehre vollkommen erlernen.**
● Nun folgen die seitlichen Schritte am Hang hinauf. Die erste Erfahrung mit dem Kantenansatz, ohne darüber zu reden.
● Dann hinauf und in sanfter Schrägfahrt hinunter.
● Nach einigen Wiederholungen mit dem Kinderlift den sanften, aber breiten Hang hinauf. Das war die erste Schussfahrt in umgekehrter Richtung.
● Und dann in Schrägfahrt hinüber. Am Rande mit leichter Körperneigung zum Hang anhalten. Die Spitzkehre. Und die Schrägfahrt auf die andere Seite. Wieder die leichte Körperneigung zum Hang, die Spitzkehre und die neue Schrägfahrt. Zehnmal hin und her, schräg über den Hang. Während der Schrägfahrt immer öfter mit leichter Körperneigung zum Hang hinauf einbiegen. Als sie hinunter kamen, hatten sie die Kunst des Anhaltens bzw. des Einbiegens zum Hang und in den Hang hinauf einwandfrei begriffen. Wir standen die ganze Zeit auf den beiden Skiern und in der hüftbreiten Stellung.

● Nach der zweiten Liftfahrt starteten wir die Schrägfahrt etwas steiler und machten immer größere Schwünge zum Hang. Am Ende dieser Runde hatte sich das Vertrauen gebildet, wie die Skier aus jeder Fahrt mit der Körperneigung zum Anhalten zu bringen sind.

● Nach der driten Liftfahrt fuhren wir die Fallinie mit sanftem hin und her Schwingen hinunter. Die Skier wurden mit leichter Körperneigungen hin und her nur leicht gekurvt. Wenn jemandem zu schnell geworden war, neigte er sich stärker zum Hang und brachte die Skier zum Anhalten.

---

*In den USA haben wir in der Skischule alle Anfänger auf diese Weise zu Skifahrern gemacht, da es keinen schönen und für alle genügend breiten Auslauf gab. So haben wir zum Anfang anstatt der vorgeschriebenen Schussfahrt eine sehr maßvolle Schrägfahrt verwendet. Und überrascht mussten wir feststellen,

● Die vierte Fahrt hinauf geschah mit dem Sessellift. Auf der Fahrt hinunter kurvten die Besten ganz selbstbewußt, drei machten noch Aufenthalte, fuhren aber gleich wieder los.

● Unten machten wir eine kurze Pause, um über ihre Erlebnisse zu reden. Wie sie das Skifahren empfunden haben. Sie erzählten im Eifer und durcheinander ihre Bewegungsgefühle und Erfahrungen.

● In den nächsten zwei Stunden fuhren wir auf verschiedenen Pisten und mit verschiedenen Liften.

Sie erlernten meistens selbst, wie die Skier an jeder Stelle, wenn es nötig war, schnell zum Anhalten einzubiegen sind, wie man längere oder schärfere Kurven fährt, wie sich die Schwünge schön rhythmisch aneinander reihen lassen und wie man an flachen Stellen ganz sanft in der Fallinie schwingt. Die Besten wurden für einen weiteren Kurs ausgewählt, eines der Mädchen mußte noch etwas üben. Sie sagte, sie würde am Wochenende wieder kommen und selbst das Erlernte wiederholen.

Es war während den ganzen Tag keine Rede von Belastungsveränderungen. Wir standen kräftig mit beiden Beinen auf den beiden Skiern. In offener Skistellung. Der Ski an der Schwunginnenseite wurde schon von Anfang an nach vorne geschoben, der äußere Arm begleitete diese Bewegung wie von selbst.

Einige hatten am ersten Tag noch Schwierigkeiten mit dem Selbstvertrauen. Am zweiten Tag verschwand die Unsicherheit, wie man an jeder Stelle die Skier zum Anhalten bringt.

Mit der neu zusammengestellte Gruppe hatten wir am dritten Tag schon die Feinheiten gesammelt, die Abstoß-Entlastung begriffen und den Kantenansatz zu regulieren gelernt. Alle hatten das gute Gefühl, wie die Skier reagieren und was diese von selbst können. Sie fuhren schon zuverlässig. Sie lernten, wie man die Skier zum scharfen Einschneiden und zum plötzlichen Anhalten bringt. Sie variierten die Schwünge und das Fahrtempo. Sie fuhren auch feine, langgezogene Kurven. Es war für mich ermutigend, wie sie

---

dass die Anfänger während der Schrägfahrt weniger Angst hattem, da sie die obere Seite des Hanges, die ihnen nahe stand, als eine angebotene Sicherheit annahmen. Am Rande machten wir die Spitzkehre und fuhren wieder quer über den Hang bis zum anderen Rande. Bevor wir hinunter kamen, hatte jeder schon einige Kilometer in den Beinen.

von anderen Skifahrern beobachtet wurden. Was kann man noch von einem dreimal vierstündigen Unterricht erwarten?

Der skizzierte Versuch war nur eine Probe einer direkten Methode. Später wurde es noch mit anderen Gruppen verschiedenen Alters wiederholt. Alle hatten sich immer als sehr erfolgreich erwiesen.

Freilich sollte das keiner als ein allgemein gültiges Muster verstehen. Es ist mehr eine Anregung zum selbstständigen Suchen. Denn einmal muss doch etwas Vernünftigeres in den Skischulen auch für die Carving-Anfänger ausgearbeitet werden.

Ich weiß nicht. Vielleicht wird mir jemand beweisen, dass die blinde Übertragung des alten Lehrplanes in den Unterricht mit dem Carver wirklich das Beste ist. Logisch ist es jedenfalls nicht.

Ich gebe aber gerne zu, dass später, wenn die Anfänger ihr Können erweitern, auch diese am Anfang "ungeeignete" Dinge (Stemmen, Stemmbogen, seitliches Abrutschen) ganz nützlich sein können, und es ist fein, wenn man sie beherrscht.

Die alte Methodik der Beinspieltechnik entwickelte sich jahre-und-jahrzehntelang.

Das neue, ruft noch um Hilfe, was die Anfänger betrifft. Und da - so hätte man geglaubt - würde jede neue, frische Idee willkommen sein.

Denn alles, was der schöpferische Geist Denkenswertes ausgedacht oder wenigstens in gutem Willen angedeutet hat, ist zu überlegen. Jeder, der einen besseren Weg sucht, ist, meiner Meinung nach, zu respektieren. Nur das ewige gedankenlose Wiederholen des schon so oft Wiederholten bringt den Beobachter zur Verzweiflung.

Den Halbcarver ist so leicht zu fahren, weil er alles verzeiht (auch die "falsche" Belastung, zu kleine Entlastung, die mangelhafte Kniarbeit u.s.w toleriert) - solange er auf die Kanten gestellt ist und in offener Skiführung gleitet. Es hilf die Taillierung auch dort, wo die oberflächlich verwendete alte Technik nicht ausreicht.

Der Halbcarver als Notausgang

Den weniger taillierten Carver, den sogenanten Halbcarver kann man schließlich auch als eine Antwort auf die obige Frage annehmen.
Das Skifahren mit dem Halbcarver ist bestimmt weniger anachronistisch, wenn man mit ihm nach dem alten Lehrplan die alte Beinspieltechnik ausübt, als auf dem echten Carving-Ski die Anfänger und weniger begabte Skifahrer in den alten Lehrplan zwanghaft einzugliedern.

Der Halbcarver ist für die meisten Skifahrer eine Uberraschung.
Sobald sie in die Bindungen einsteigen, können sie ohne Probleme in ihrer alten "Einbeintechnik" losfahren. Sogar viel leichter. Mit weniger Mühe. Und mit Sicherheit.
Aber genauso können sie auch die neue Carving-Technik ganz erfolgreich ausprobieren.
Auch der Halbcarver, auf die Kante gelegt, kann von alleine in den Schwung einlenken. Der einzige Unterschied ist die kleinere Intensität, mit der er eingreift, die Kurve carvt, und auf den sehr harten Pisten die gute Führung hält. In dieser Hinsicht kann er sich mit dem echten Carving-Ski nicht vergleichen.

Aderenseits ist der Halbcarver gutmütiger; das heißt, er ist weniger bissig und er kann auch leichter verzeihen.
Die sehr guten Skifahrer brauchen das eigentlich nicht (oder sie wollen es wenigstens nicht zugeben). Doch für die weniger Guten ist ein größeres Verständnis für die menschliche Schwäche oft ganz willkommen.

Im Gegenteil: Der gute Skifahrer fährt auf den neuen Skiern nur noch sicherer und leichter auch in seiner bissherigen Beinspieltechnik.

Verschiedene Fahrweisen

Wer wird von dem 92 jährigen Leon Vidic, dem ältesten Skilehrer bei uns, der noch heuer im Spätfrühling so fuhr, wie er einst gelernt hat, ein Umlernen verlangen?

1. Die Umsteiger, die eigentlich keine Umsteiger sind.

Die nicht ganz ausgezeichneten Parallelfahrer (wenn wir freundlich sind und für die technische Ausführung nicht das Wort schlampig verwenden wollen) brauchen manchmal verständisvollere Skier, die nicht sofort jedes technische Versagen bestrafen. Wenn der Ski beim Einfahren in die Kurve mithilft, vermindert dies die üblichen Schwierigkeiten. Auch die einschneidende Kurvenfahrt ist wohltuend.

Ja, die meisten Skifahrer fahren mit den neuen, kürzeren und wendigeren Skiern wenigstens um einen Grad besser als vorher.

Gleich am Anfang sind die alten Hasen ein wenig misstrauisch. Sie haben wenig Vertrauen in die um einige zehn Zentimer kürzere Skilänge. Keiner glaubt, dass die Skier der neuen Technologie und neuer Konstruktion auch in kürzerer Ausführung ein gutes Gleichgewichtgefühl anbieten können. Die fehlenden zwanzig oder dreißig Zentimeter sind aus der Sicht der Stabilität nicht zu spüren. Aber die Skier sind dadurch viel wendiger.

Ein solcher Skifahrer ist bald zufrieden. Er will eigentlich nicht umzulernen. Er fährt die gleiche alte Skitechnik, die er gewohnt ist, mit der Belastung des Außenskis - nur fährt er leichter, lockerer.

2. Der Umsteiger, der bereit ist, einiges umzulernen

Ein guter Skifahrer könnte die Elemente der neuen Carvingtechnik in einer halben Stunde anlernen.

Aber er muss sie nicht unbedingt alle annehmen.

Er kann nach Geschmack und nach Überlegung auswählen. Zum Beispiel, er kann bloß das Aufkanten mit der Neigung des ganzen Körpers (oder nur mit der Hüfte) in seine Skitechnik einführen. Damit hat er eine gemütlichere, sicherere und auch körperschonende Art in sein Skifahren eingebaut.

Oder: Er kann auf die eng zusammengeschlossene Skiführung verzichten. Trotzdem kann er weiterhin nur den Außenski belasten, wenn er das bevorzugt. Seine Fahrt wird dadurch weniger auffallend, doch deutlich stabiler.

Oder, falls er bereit ist, etwas Neues zu versuchen: In offener Skiführung kann er anfangen, die Schwünge mit Belastung der beiden Skier zu fahren.

Es muss nicht für immer sein. Es kann bloß eine kürzere Änderung des alten Skifahrens werden, um Spaß zu haben. Oder um sich zu überzeugen, dass auch so geht.

Es kann aber genauso eine stabile Fahränderung werden. Alles eine Sache der Laune und des Geschmackes.

3. Das Umlernen, um ohne Schwierigkeiten zu fahren

Ganz ein anderes Umlernen steht den weniger guten Skifahrern bevor: Sie werden umlernen, um eine leichtere Skitechnik zu fahren, die nicht so viele Fehler kennt.

Mit der freundlichen Bezeichnung "weniger gute" Skifahrer sind diejenigen gemeint, die ihre bisherige Beinspieltechnik nie völlig beherrschten. Deswegen sind sie öfter in Schwierigkeiten geraten (den "falschen" Ski belastet, gestürzt, die Skier auseinander gerissen bekommen, die Kurve zu schnell oder überhaupt nicht durchgefahren u.s.w.).

Für solche Skifahrer mit ihrer nicht sauber ausgeführten Beinspieltechnik ist es am besten, dass sie die alte Technik völlig vergessen und sich der mehr harmlosen Carvingtechnik anvertrauen.

Die "neue" Technik verlangt nämlich so wenig im Gegensatz zu all dem, was sie bereit ist zu verzeihen (kein Problem , wenn der

Ganz etwas anderes gilt für die guten Skifahrer, die denselben Hang schon zu hundert Male hinuntergefahren sind: Die alte Monotonie lässt sich mit einigen Einsätzen des Neuen doch ein klein wenig beleben.

Wie gut tut es dem Skilehrer, wenn er nach einigen Ratschlägen den unsicheren Skifahrer auf einmal ganz fließend und zuverlässlig Ski fahren sieht.

Innenski belastet wird, keine komischen Körperverwickelungen, kein Versagen, keine Halbausführungen und auch weniger Ärger und weniger Stürze, wenn überhaut noch welche).

Was muss der Umsteiger, um diesen glücklichen Zustand zu erreichen, tun? Sehr wenig. Vor allem viel weniger als je zuvor! Seien wir konkret: Keine betonten Hochentlastungen mehr, keine Gewichtübertragung, kein Skiandrehen, keinen Stockeinsatz, und vor allem kein Stemmen, keine schmerzliche Kniearbeit um den Außenski aufzukanten, keine Fußarbeit um den aufgekanteten Ski in den Schwung zu schieben. Mit einem Satz: nur den Innenski vorschieben und sich in offener Skistellung in den Schwung hinein neigen. Alles andere werden nach einer sehr kurzen Verzögerung die Skier selbst ausführen (siehe das Kapitel "Die vier Bausteine der Carvingtechnik," Seite 88)

Sobald sich der Skifahrer mit diesen Grundelementen vertraut macht, kann nichts mehr schief gehen. Die offene Skiführung erträgt alles und bietet eine zuverlässige Unterstüzung. Der neue Ski kann bei der Kurvenausführung gar nichts "falsch" machen. Er schneidet nur in den Schwung ein und carvt ihn durch.
Ist aber jemandem das Ganze zu wenig ästhetisch, dann kann er sich ruhig mit seiner unvollkommenen Beinspieltechnik weiter bemühen.
Oder er wird bereit sein, noch den kleinen Schritt nach vorwärts machen: In die Richtung des extremen Carvens. Dort wird es ihm bestimmt nicht langweilig.
Der Weg bis dorthin scheint in weiter Entfernung liegen, was aber täuscht. Die Schnelligkeit, mit der man die Carving-Technik lernt, ist kaum zu glauben.

4. Das extreme Carven

Es geht auch mit einem anständigen Halbcarver, aber kein Vergleich zu dem extremen Carving-Ski. Der beißt und greift zu, hält fest und zieht in den Schwung. Kein anderer Ski liefert dem Skifahrer so sicheren Halt.
Der feste Kantenhalt zieht nicht nur die genaue Spur, er liefert dem Skifahrer auch so festen Halt, dass sich der mit dem ganzen Körper, nur einige Zentimeter über die Schneefläche ausstrecken kann, oder sogar, dass er mit dem Körper absichtlich im Schnee landet (Body-Carving) und sich dann mit einem Schulternschwung wieder abstoßen läßt (die neuste Spezialität von Dr. Walter Kuchler).

Die verschiedenen Extremschwünge sind klassifiziert, haben ihre Namen und ihre Erfinder. Sie reichen von den schnellen Rennschwüngen zu den artistisch augedachten Virtuositäten.

Der skifahrerische Alltag ist auf diesem Gebiet immer einen riesigen Schritt vor den Autoren und Verfassern, die hinter der Entwicklung her jagen, um alles rechtzeitig noch für die neugierigen Nachahmer zu registrieren und genau zu beschreiben.

Aber die Besten lernen nicht aus den Büchern, sie entfalten die verschiedene Schwünge aus den Bewegungslust und durch den Schneekontakt am Hang. Es sind die ausgefeilten Bewegungs- und-Körpergefühle, die den psychischen Impulsen ihren freien Weg zum eigenen Ausdruck verhelfen.

Es sind nicht alle Extremcarver sofort Virtuosen. So wie auch alle Rennläufer nicht Sieger sein können.

Viele Extremcarver bleiben nur spielende Skifahrer, spielende Kinder, die ihren Spaß im Schnee suchen.

Am Anfang muss jeder Carver die Fähigkeiten haben, seine Skier kennenzulernen - genauso aber auch seinen Mut und seine Geschicklichkeit.

Das gute Gefühl kommt erst mit der Erfahrung. Oder auch umgekehrt:

Zur höchster Erfahrung hilft haupsächlich das sensible Körpergefühl.

Oft stellt sich die Frage: Wo liegen die äußeren Grenzen, die man nicht überschreiten darf? Wo liegt dieser kritische Punkt, über den

man sich nicht, ohne gestraft zu werden, ausstrecken darf. Das steht nirgends geschrieben, ist in keinem Buch zu finden, weil sich mit der Geschwindigkeit und Kurvenschärfe, aber auch mit dem Gelände und der Schneeart alles immer wieder bewegt, auf und ab und noch ein bisschen weiter. Jeder muss das mit seinem Empfindungsvermögen selbst herausfinden.

Wer dieses Spiel nicht geniesst, soll lieber auf der sicheren, schon erprobten Seite bleiben. Besonders dann, wenn er einen Sturz schon als beleidigende Enttäuschung annimmt.

Es gibt im freien Carven noch so viele andere Schwungarten, ausgelassene und voller Wendigkeit, aber trotzdem nicht riskant.

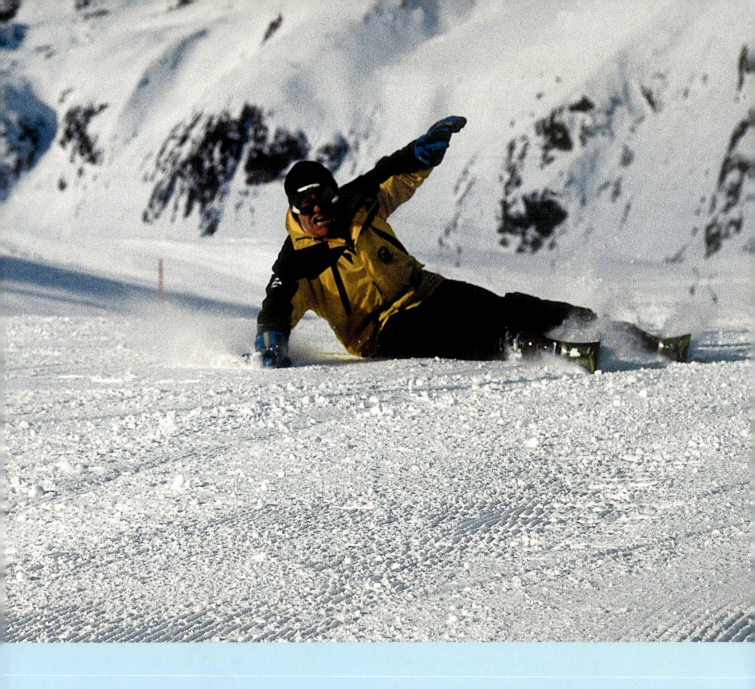

Kein Sturz, nur eine neue Finte des unverbesserlichen Walter Kuchlers; (der sich langsam seinem hohen Lebensjubiläum nähert): das Body-Carving. Man stürzt sich in den Schnee hinein, gleitet eine Zeit lang seitlich mit dem Körper, bis sich dann mit einem energischen Schulter-und-Arm Schub wieder abstößt und bereit ist für den nächsten "Sturz" auf die andere Seite. Wofür das nützlich sein könnte? Die abgerutschten Rennläufer haben uns das gelegentlich schon gezeigt, wofür. Aber hier geht es um kein Abrutschen, es ist das Ganze absichtlich gemacht. Also, aus lauter Bewegungsfreude. Als noch ein möglicher Schwung, mit dem die ewigen Kinder das Spiel geniessen. Um das Skifahren der langweiligen Routine zu entziehen.

5. Eine gemischte Technik

Die sportlich-rekreativen Nachahmer können nur schwer alle guten Skieigenschaften ihrer Riesen-Slalom Skier völlig ausnützen. Ihre Kurvenlage ist nie so ausgeprägt (damit bleibt auch der Kantenansatz geringer). Außerdem fahren sie langsamer und nur halb so scharf durch die Kurven. Sie können es sich auch nicht leisten, ihre Kanten für jede Fahrt neu zu schleifen.

Das Endresultat ist verständlich: Ihre Skier bieten ihnen unter den Füßen weniger sicheren Halt. Dazu kommen noch viel geringeren Zentrifugalkräfte, die gar keine extreme Körperneigung erlauben.

So lässt sich das ganze als eine Mischung von neuer Skitechnik und der alten Beinspieltechnik bezeichnen. Charakteristisch ist eine ziemlich aufrechte Körperhaltung, wobei der Kanteneinsatz haupsächlich nur mit der Kniebewegung hergestellt wird. Die nötige Schärfe fehlt. Ein leichter Schatten der alten Beinspieltechnik begleitet dauernd ihre Fahrweise. Das ist keine neue Carving-Renntechnik, obwohl sie sich bemühen, sie zu imitieren.

Weit davon entfernt, dass diese Worte ein Vorwurf sein wollen. Ich möchte solchen guten Skifahrern nur vorschlagen - wenn Sie mir das gestatten - sich selbst zu überprüfen.

Vielleich werden Sie feststellen, dass die Belastung nur des Außenskis nicht ausreicht.

Gleichzeitig macht aber die enge Skiführung die unabhängige Beinarbeit mit beiden Skiern unmöglich (wie oft haben wir schon gesehen, dass die Neigung in das Schwunginnere bei enger Skiführung eine hinterhältige Folge hat: Die Belastung kommt hauptsächlich auf den Innenski - und schon ist der unangenehme Kurzschluß da... Nur die wahrhaft Guten konnten sich aus einer solchen Lage mit dem Aufheben des Außenskis und mit dem ausgesreckten Bein in eine Art des historischen Reuel-Schwunges retten.

Man soll also nicht den guten Rat unterschätzen: Solche Skifahrer sind durch und durch fähig die Skiführung zu öffnen und sich energisch in die Kurve hinein zu neigen.

So werden sie auch das Kanteneinschneiden richtig empfinden.

Der gute Skifahrer kann damit die Intensivität des Kurvenfahren bedeutlich verbesseren.

Es tut nicht weh, einmal auch etwas Anderes auszuprobieren.

Der gute Skifahrer kombiniert dauernd seine Fahrweise. Sonst wird es ihm langweilig.
Und gerade deswegen hat er keine Skrupel, seine schon längst automatisierte Skitechnik auch mit dem Neuen zu bereichern.

Carvingschuhe

Dass für gutes Skifahren die guten Skischuhe genauso wichtig sind wie die guten Skier, haben schon unsere Großväter gewusst. Deswegen waren es nicht wenige, die ihre Skischuhe beim damals berühmtesten österreichischen Skischuhmacher Strolz anfertigen liessen.

Erst mit der Einführung der Plastik begann der industrielle Wettbewerb, welche Schuhfirma höhere und die steifsten Skischuhe liefern könnte.

Denn, den Rennläufern war kein Schuh steif genug.

Das verlangte eben die Paralleltechnik selbst, weil eine sehr genaue Übertragung der Kräfte zwischen den Füßen und Skiern

von großer Bedeutung war.

Gab der Schuh etwas nach, bedeutete das eine weniger kontrollierte Fahrt und auch Kraftverlust.

Deswegen verwandelte sich der Skischuh bald in ein Foltergerät. Es wäre bestimmt interessant und auch sehr belehrend eine Austellung mit stark defomierten Fußknochen und Druckgeschwüren ausgedienter Renfahrer zu veranstalten.

Das Unvernünftigste bei diesem Unglück war nämlich das blinde Nachfragen der gewöhnlichen Skifahrer, um ähnliche Skischuhe zu tragen. Wie eine Epidemie verbreitete sich die verrückte Überzeugung, dass auch für die Freizeitfahrer ein hoher, steifer und unbequemer Schuh unabkömmlich sei. Und dann war in jedem Skigebiet zu sehen, wie eilig es die Skifahrer hatten, nach jeder Fahrt die Schuhschnallen, um in den erstarrten Füßen den Blutkreislauf wieder zu beleben.

Die Entwicklungskommission beim Verband der amerikanischen Berufsskilehrer hatte schon vor zwanzig Jahren vor zu steifen Skischuhen gewarnt. Ihnen hat man die Verantwortung für die allgemeine Steifheit der Beine und des Körpers zugeschrieben.

Außerdem war in solchen Schuhen völlig unmöglich die Knie nach vorne zu drücken und die Beine weich zu beugen. Der Skifahrer hat bloß sein Gesäß in die Rücklage geschoben.

Die Schuhproduzenten waren sich dieser Miserie wohl bewusst. Doch die Käufer verlangten eben so etwas. Die Hersteller suchten die Lösung in dem etwas weicheren Innenschuh, was zum Teil half, doch ungenügend. Eine Außenschale aus weicherem Material kam leider nicht in Frage, weil die Rennfahrer es sofort abgelehnt hatten. So sind die Leute eben mit Qual Ski gefahren.

Erst mit dem Carvingski und mit der neuen Carvingtechnik hatte sich eine glückliche Lösung angeboten. Der Carvingski verlangte ja vor allem ein bomben festes Aufkanten. Dafür sorgten bei dem neuen Carvingschuh die zwei kräftigen Seitenwände. Die früher so unabkömmliche Übertragung der Impulse auf die Skier über den steifen vorderen Teil des Shuhes ist (im großen Teil) überflüssig geworden. Sogar störend. Man soll sich nur erinnern, wie weit nach vorne das Knie gedrückt sein musste.

Also: Da der Carvingfahrer vor allem einen festen seitlichen Halt für den Kanteneinsatz braucht, muss das Material vorne dem Druck des Schienbeins bis zu einer gewissen Stufe nachgeben. Damit fühlt sich der Skifahrer wendiger und lockerer. Außerdem ist schon die Grundeinstellung der Schuhneigung nach vorne um einige Grad größer, als bei dem früheren Schuh.

So ist der Carvingschuh endlich ein komfortabler Skischuh geworden. Man hat mit ihm die volle Skikontrolle und gleichzeitig größere Beweglichkeit für die Knie und Beine.
Man kann sagen, dass er zum Skifahrer freundlicher geworden ist. Aber noch etwas ist merkenswert: Bei uns in Slowenien war die Skischuhindustrie die erste, die sich der Frage einer neuen Skitechnik zugewendet hat. Die Leute in der Schuhfabrik haben sich als die ersten für die neue Carvingtechnik eingesetzt. Sie waren sich bewusst, dass die Eigenschaften des Carvingskis eine andere Skitechnik verlangen, als zu dieser Zeit vorhanden war. Deswegen haben auch die Forscher von draußen her zur Entwicklungsarbeit einbezogen.

Das, was so lange nicht den Skischulen und nicht den Skiherstellern eingefallen ist, haben die Schuster getan. Das tun sie schon seit fünf Jahren. Also schon lange bevor, bei den anderen das Nachdenken über eine neue Skitechnik stattgefunden hat.

Bei den neuesten Modellen hat man neben der technischen Ausbesserungen, die für das genaue Carven wichtig sind, auch die Bequemlichkeit des Skischuhs und das Wohlgefühl der Skifahrer ständig im Auge behalten.

Der Carvingschuh Alpina SRX10

Der Carvingschuh Alpina SRX7L

IV. TEIL

WAS JEDER FÜR SICH TUN KANN, UM EIN BESSERER SKIFAHRER ZU WERDEN

Was ist eigentlich ein gutes Skifahren?

Einige Skiproduzenten und die führenden Skilehrer haben uns die Antwort auf die obige Frage prompt geliefert: Das gute Skifahren, so sagten sie, heißt schneiden. Die Schwünge hundertprozentig rutschfrei durchführen!
"Eine haarenge Spur hinter sich herziehen!" lautete das Werbeschlagwort.
Okay. Die Rennläufer gewinnen damit einige Hundertstel oder sogar volle Sekunden und siegen.

Aber die Renläufer drängen sich nicht in den Sportgeschäften um neue Skier zu kaufen. Das tun die Skifahrer, diese große skifarerische Population, die nur ihrer eigenen Lust zuliebe Ski fährt - und dafür ihr eigenes Geld ausgibt. Für solche Leute hat die Sekundenbruchteile sparende Skitechnik keinen Wert. Wenigstens für die Skifahrer, die ich kenne, kann ich die Hand ins Feuer legen, dass sie mit den während des Tages ersparten Hundertsteln am Abend nichts Gescheites zu unternehmen wüßten.

Deswegen bleibt für mich ein Rätsel, weshalb die langjährige Werbung gerade neben dieser zahlenstärksten Gruppe so starrsinnig vorbei schoss. Die meisten durchschnittlichen Skifahrer würden sich bestimmt viel lieber über die anderen Skieigenschaften belehren lassen - sagen wir: Warum das

Skifahren mit den neuen Skiern und mit der neuen Skitechnik so leicht, einfach und sicher geworden ist. Wäre ich ein Skihersteller, so hätte ich mich bestimmt besser bemüht, den Käufern zu erklärt, wie der starktaillierte Ski in der Kurve dem Skifahrer mithilft. Das würde ihn bestimm mehr interessieren als die "haarenge Spur". Und wenn man ihm noch die außergewöhnlichen Bewegungsgefühle und die beruhigende Strömung, die durch die Beine fließt, wenn sie den Bodenkontakt empfinden, beschreiben würde, hätte man dem Skifahrer eine ziemlich ausführliche und auch nützlichere Information gegeben.

Damit wollte ich nicht die Spitzenleistungen den Carvingski bestriten. Ich wollte nur sagen, dass die brillante neue Skitechnik samt den neuen Ski auch dann so wunderbar würde, wenn der Skifahrer nicht so rücksichtlos um die Hundertstel den Hang hinunterjagt.

Das liegt mir so stark am Herzen.

Diese unglücklichen, rennfahrerisch nie erprobten und nicht ausgelebten Naturen! Wenn ich zuschauen muss, wie sie auf den vollbesetzten Pisten ihren frustrierten Ambitionen die Zügel nachgeben und wegen den "Hundertsteln" mit voller Geschwindigkeit zwischen den Menschen hinunter rasen, dann sind sie für mich keine guten Skifahrer mehr.

Oder, wenn sie am Hang von der "Ideallinie" reden. Sie wiederholen bloß die fachliche Ausdrücke, die sie bei den Übertragungskommentaren hörten und sich dann einbilden, dass diese auch für sie gelten. "Man soll der Ideallinie möglichst nahe fahren..." Wie denn? Wo können sie eine Ideallinie auf einer unausgesteckten Strecke finden?
Für sie ist die Ideallinie bloß durch die Skitaillierung festgelegte Kurve. Und dann toben sie mit nur leicht angedeutetem Kanteneinsatz durch die langgezogenen Kurven hinunter, fast in der Schussfahrt - unter den anderen Skifahrern - und sind dann stolz überzeugt, dass sie im Stil der allerletzten Skitechnik, ohne den kleinsten Abrutscher fahren.
Welch ein jammerliches Denken!

Mir wäre es verständlich, wenn sich jemand in einem öffentlichen Skigebiet unter dem Ausdruck Ideallinie die schönste und die interessanteste Fahrt vorstellen würde. Eine solche Linie, die gesamte Konfiguration des Terrains in Betracht nimmt, die alle

Unebenheiten ausnützt, sich den Steinen oder Eisflächen ausweicht und die nach möglichst unbesetzten Abschnitten, wo man auch schneller fahren kann, sucht. So etwas könnte man wohl eine Ideallinie nennen.

Es ist leider nicht zu begreifen, dass gerade die guten Skifahrer diejenigen sind, die den Unterschied zwischen der gesperrten Rennstrecke und der offenen, jedem Skifahrer zugedachten Skipiste nicht wahrnehmen können. Oder diesen Unterschied nicht begreifen wollen.

Die Skipisten - so heißt in jedem Betriebsreglement - stehen allen Skifahrern, die die Liftkarte bezahlt haben, zur Verfügung. Und zusätzlich belehren uns noch die 10 FIS-Regeln, wie sich jeder Skifahrer zu benehmen hat, um keinen anderen zu bedrohen.

Ach, wie schön und gut.
Aber, verzeihen sie mir, wie soll man so verschiedene Begriffe - wie z.B. den von der einzig guten Fahrt mit der haarengen Spur in voller Geschwindigkeit und dem anderen Begriff von der vollbesetzten, aber jedem Skifahrer zugedachten Skipiste - in Übereinstimmung bringen?
Ich glaube, es gibt nur eine klare Antwort:
Ein ja für die haarenge Spur und für die hohen Geschwindigkeiten, aber - auf den gesperrten Rennstrecken oder auf den dafür bezeichneten geschützten und begrenzten Skipisten.
Und ein klares nein für eine solche Art des guten Skifahrens auf den (voll oder nicht voll, das ist egal) besetzten Pisten, die für jeden Skifahrer, der für seine Erlebnisse bezahlt hat, geöffnet sind.

Ein drastischer Beispiel wird das verständlicher machen:
Auf dem meist vollbesetzten Skigebiet in der Nähe unserer Stadt

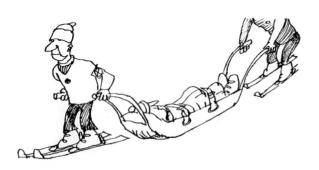

fürchten sich die gewöhnlichen Skifahrer vor den wildfahrenden "Guten" derart, daß viele Familien mit Kindern lieber woanders, auch weit weg hinfahren, wo es weniger Besessene mit der haarengen Spur gibt. Aber das Aufregendste an dieser unhöflichen Skiart steckt in der Tatsache, dass sich diese rücksichtslose Fahrweise unter der Führung eines angesehenen und sehr erfahrenen Skilehrers und Berufspädagogen entwickelt hat.
So wurden tausende von Studenten in diesen Skikursen über die neue Skitechnik "unterrichtet". Unter diesem Begriff lehrt man sie nämlich die neue Skier so feinfühlig zu fahren, dass sie nur mit leicht aufgekanteten Skiern in langgzogenen, oder besser, in nur angedeuteten Bögen fast in der Schussfahrt unter den erschreckten Skifahrern durchhuschen.

Und als ob das Ganze noch nicht schlimm genug wäre, half der Skiproduzent dazu mit, indem er zahlreiche Skikollektionen als die Testskier für das schnelle, rutschfreie Fahrt über die ganze Skisaison zusicherte.

So muss man in diesem wunderschönen Skigebiet immer mehr nach hinten und zurück nach oben schauen, wenn man heil davon kommen möchte.

Wer es nicht glaubt, soll einmal kommen und sich die Szene selbst anschauen. Dann können wir zusammen weinen.

Dieses Beispiel soll nur als Beweis dienen, dass auch dort, wo am meisten mit einem professionellen Verstand zu rechnen wäre, verrückte Überzeugungen gedeihen, dass sich ein gutes Skifahren jeder vernünftigen Kontrolle entziehen darf. Alles andere wird als lächerlich betrachtet.

Vielleicht wäre es wirklich sinnvoller, wenn wir die Titelfrage umkehren und lieber so fragen: Was ist bestimmt kein gutes Skifahren?
Wenn bei den meisten Unfällen die zu große Geschwindigkeit in den Protokollen als Hauptursache angegeben ist, dann gehört zur guten Fahrt bestimmt nicht die zu große Geschwindigkeit. Kontrollierte oder unkontrollierte, denn was ist schon der Unterschied!
Jede Geschwindigkeit kann eine zeitlang kontrolliert sein. Sie bleibt konltrolliert, solange nichts Unerwartetes geschiet. Dann

Die Autobahnen der heutigen Skigebiete.

verwandelt sie sich ganz plötzlich in die unkontrollierte Geschwindigkeit - bei der leider nichts mehr zu retten ist.

Die Pisten sind schon längst Autobahnen geworden. Jeder noch so unerfahrene Skifahrer kann sich wohl fühlen. Er fährt voller Selbstvertrauen los. Alles läuft wunderbar - bis sich ein Paar erschrocken Augen weiten. Dann kracht es.... Stürzt nur er selbst, so war das Schicksal gnädig. Aber meistens sind noch die Unschuldigen einbezogen. Dann steht im Bericht des Rettungsdienstes: "Wegen unkontrollierter Geschwindigkeit wurde ein ahnungsloser Besucher, der ganz am Rande stand, schwer verletzt."
Und der Verursacher wehrt sich später: "Bis zu den unglücklichen Moment war die Geschwindigkeit ja überhaupt nicht zu groß..."

Gerade solche Worte enthüllen, dass eigentlich alles von dem Kritischen Punkt abhängt, wo sich die kontrollierte Geschwindigkeit in die unkontrollierte verwandelt. Dieser kritische Punkt lässt sich nicht im Voraus erkennen. Er fährt einfach mit jedem Skifahrer mit. Nur tritt er bei den Erfahreren seltener ein, bei den weniger Erfahrenen wartet er eigentlich in ständiger Bereitschaft auf die "unerwartete" Gelegenheit, wann der Skifahrer seine Fähigkeiten überschätzen wird.

Deswegen: Wollen wir an den besetzten Pisten möglichst sicher fahren, dann muss mit jedem Skifahrer statt des kritischen Punktes der Sicherheitsfaktor mitfahren! Das heißt: Weit unter seinen Fähigkeiten fahren!

Ich weiß, dieser Abschnitt war zu lang. Da wir aber alle schon bittere Erfahrungen hinter uns haben, könnte er für manchen Skifahrer doch nützlich sein.
Die Frage der Sicherheit auf der Piste ist also viel weniger eine Skitechnische Frage, die mit der Technik zu lösen ist; es ist viel mehr eine Frage des menschlichen Benehmens.
Da hier auch die Verwaltung der Skilifte - schon aus ganz kommerziellen Interessen - nicht gleichgültig zuschauen dürfte, ist aber auch klar. Ihre sorgfälltige Pistenvorbereitung hätte ja sonst keinen Sinn.

Auf der Weitersuche, was kein gutes Skifahren sein kann, fallen uns die Skifahrer in die Augen, die sich zu viel Mühe mit sich selbst machen. (Später werden wir über einige Methoden, die zur Selbstbeobachtung und zur Selbstkorrektur führen, reden; das wird Aber das Gegenteil von dem sein, was wir uns jetzt als ein ernstes Hindernis anschauen wollen.)

Einige Skifahrer denken dauernd über das, was sie tun sollen oder was nicht tun dürfen, nach. Sie geben sich ständig die Befehle (wie z.B. den Außenski belasten! Nicht sitzen! Locker bleiben! Den Oberkörper vom Hang ablehnen! Knie beugen! u.s.w.). Damit aktivieren sie ihre linke Gehirnhemisphäre, das ist die "denkende, logische, rechnende...) und blockieren sie damit die für die rhythmische Bewegungen zuständige rechte Gehirnhemisphäre... Also tun sie gerade das, was sie nicht tun sollten: Sie schalten das zuständige Bewegungskommando aus! (Darüber werden wir später ausführlicher reden).

Für jetzt soll es genügen, wenn wir uns bewusst sind, wie mit dem intensiven Denken während der Fahrt noch keiner ein besserer Skifahrer geworden ist.

Statt für die guten Empfindungen offen zu sein (sagen wir, zu spüren, wie die Skiflächen den Schnee berühren und über ihn gleiten), mischt sich unterbrochen die "gescheite" Hälfte des Gehirns ein, erteilt ihre Anweisungen und drängt den Skifahrer in eine Lage, in der sich sein Körper versteift. Vor lauten Eifer verwandeln sich die Beine in zwei Holzklötze... Was kann in einem solchen Zustand noch gut gehen?

Es ist ungefähr so, als hätte jemand während des Tanzens fleißig die Schritte gezählt und ununterbrochen die Anweisungen des Tanzlehrers wiederholt - dabei aber ganz die Musik und den Rhythmus überhört...

Wenn sich der Skifahrer ganz ungebunden den Bewegungen überlässt, wenn er das Gleiten seiner Skiunterflächen unter seinen Sohlen deutlich spürt und auch die Schneeunterlage und das Terrain empfindet, dann ist er auch in der Lage seine anderen Bewegungsgefühle wahrzunehmen. Nur so wird er den besten Weg für die Abfahrt aussuchen können und die interessantesten Stellen entdecken.

Das ist das ganze Geheimnis, wie diese wunderbare ganzheitliche Harmonie entsteht. Die Weichheit der Bewegungen führt zu dem eigenartigen Genuss, der einen guten Skifahrer völlig ausfüllt und ihn von den Anderen absondert.

Wie Sie sehen, habe ich kein Wort über die Art der verwendeten Skitechnik verloren und auch von der Skimarke, die Sie bevorzugen, möchte ich keine Bemerkungen machen, da heute jede bekannte Skifabrik gute Skier herstellt.

Nur noch einige kleinen Tips (wenn Sie es gestatten):
● Sie sollen sich nicht verführen lassen (wenn Sie nicht schon ein ausgezeichneter Skifahrer sind) und denjenigen Skifahrern nachschauen, die sich mit eng zusamengepressten Füßen bemühen ihre Ungeschicklichkeit zu verstecken. Sonst werden Sie nichts anderes erreichen, als dass ihre Aufmerksamkeit auf die unwichtige Dinge abgelenkt würde.

● An glatten, gut präparierten und sehr flachen Hängen sollen Sie nicht die sogenannten Paradefahrer bewundern, die sich nur dort aufspielen können. Ein wirklich guter Skifahrer kann alle Hänge meistern und in allen Schneeverhältnissen gut skifahren. Auch in schlechten. Dort werden Sie seine Fähigkeiten am leichtesten erkennen.

● Die buckeligen Pisten sind für viele jungen Leute eine magische Verführung. Solche Skifahrer sind zufrieden, wenn sie in einem Stück glücklich durchkommen. Für die Buckelfahrt braucht man äußerst flexible Kniegelenke, wenn jemand diese Fahrt wirklich genießen möchte. Doch die vernünftigen Skifahrer kennen leider allzu viele Bekannte, die sich die Kniegelenke mit solchen Fahrten kaputt gemacht haben. Die älteren Skifahrer sind klug genug, um nicht auf diese Weise ihre schon sowieso dünne Knorpelschicht noch stärker abzuschleifen.

● Auf eisigen Strecken ist es für die weniger erfahrenen Skifahrer keine Gaudi zu fahren. Man braucht zuerst sehr gute, steife und knapp zugeschnalte Skischuhe; dazu noch sehr kompakte und torsionfeste, den Deformationen widerstehende Skier mit scharfen Kanten. Und dann muss der Skifahrer noch den Mut haben, die Piste schnell zu fahren. Nur so, mit einer schnellen, nicht bremsenden Fahrt kann man auch sehr eisige Pisten gut befahren. Alles anderes ist nur eine Qual, die sich nicht lohnt und auch gefährlich ist. Viele Skifahrer bleiben bei solchen Verhältnissen lieber im Hotel.

Wahrnemmung der Bewegungsgefühle

Ein guter Skifahrer bewegt sich nach seinen Gefühlen: Seine äußere Aufmerksamkeit stört nicht das innere Vorgehen, das dem Unterbewußtsein untergeordnet ist - solange ein bewusstes Eingreifen des Denkens nicht nötig ist.

Die von der Kälte erstarrten Hände und klammen Fußballen sind auch mit Gefühlen verbunden, wenngleich keinen besonders freundlichen Gefühlen. Der Skifahrer erträgt sie nur. So wie er auch den Sturz wahrnimmt (er kann den Schmerz fühlen, oder ihn nur lachend hinnehmen - solange die Stürze nicht zur Regel werden).

Die Bewegungsgefühle, von denen hier gesprochen wird, haben nichts mit der Kälte und dem Sturz zu tun. Sie entstehen durch das Gleiten der Skier und durch die Ausführung der verschiedenen Skileistungen. Sie sind also da, ob sie der Skifahrer mag, oder ob sie sein Bewußtsein nur herausfordern.

Der gute Skifahrer geniesst das Skifahren haupsächlich wegen der Bewegungsgefühle. Er geniesst sie und sie machen ihn glücklich; er versucht sie mit seiner Bewusstheit nicht nur wahrzunehmen, sondern auch zu beherrschen, und er versucht, sie feinfühlig weiter zu entwickeln.
Darin unterscheidet er sich noch ganz besonders von den Skifahrern, die entweder ihre Bewegungsgefühle sehr oberflächlich empfinden oder solche auch nur sehr begrenzt haben.
Es gibt auch solche Skifahrer, bei denen sich das Ganze bloß auf das Skigleiten und das Erhalten des Gleichgewichtes reduziert.
Das Skigleiten und Gleichgewicht sind zweifellos zwei bedeutende Gesichter unter den vielen anderen, die mit dem Begriff Bewegungsgefühle erfasst sind. Und jeder von denen wirkt anders, obwohl fast alle mit der Geschwindigkeit verbunden sind. Ohne Geschwindigkeit gib es kein Skifahren.

Das logische Denken könnte in einem solchen Rausch alles verderben.

Das Erlebnis Geschwindigkeit

Sie ist ein besonderes Erlebnis.

Wenn auch die Geschwindigkeit keine absoluten Grenzen hat, muss jeder Skifahrer mit seine eigenen Grenze mitfahren. Jenseits dieser Geschwindigkeitgrenzen beginnt die Unsicherheit.

Der Skifahrer fühlt sich bedroht, weil seine Fähigkeiten nicht mehr ausreichen (von solchen Draufgängern, die für ihre Umgebung eine dauernd mitwandernde Gefahr darstellen, wollen wir hier nicht reden).

Um so hilfbedürftiger sind wegen der Geschwindigkeit die schüchternen Skifahrer; sie trauen sich nich einmal das zu tun, wofür sie in der Tat fähig sind.

Um nicht zu lange darüber zu reden: Für solch Schüchterne gibt es nur einen Ausweg - sie müssen ihre Geschwindigkeits-grenze ständig ein Bisschen nach oben verschieben. Das sollen sie jedesmal tun, wenn sie sich gut fühlen. Gewiss, an einer sicheren Stelle, wo keine Gefahr lauert, und mit einem sicheren Auslauf.

An solchen Hängen sollen sie jedesmal ein wenig höher als sonst starten. Gerade so viel höher, das sie etwas schneller hinunterkommen. Auf diese Weise werden sie ihr Selbstvertrauen stärken. Nach jeder etwas schnelleren Fahrt werden ihnen die früheren Fahrten viel leichter vorkommen! Und wenn man das öfter macht, wächst ganz unauffällig der Mut.

Auf einmal werden sie erstaunt feststellen, dass die Hänge, die sie früher mit Angst befuhren, überhaupt nicht schwierig waren.

Warum ist uns die Geschwindigkeit auf einmal so wichtig, da wir früher für sie nicht viele nette Worte gefunden habem? Ganz einfach: Weil für jeden gut ausgeführten Schwung eine gewisse, gerade dem Schwung angemessene Geschwindigkeit notwendig ist. Das hängt auch von der Schneeart ab (einmal gleiten die Skiern auf feinem Schnee wie angeölt, das nächste Mal wie auf dem Schleifpapier, was der Skifahrer bei der Schwungausführung als eine Weigerung empfindet), oder von der Skihärte (die guten Skier für die Rennläufer lassen sich erst bei einer größeren Geschwindigkeit leicht führen). In beiden Fällen ist für die gute Schwungausführung eine höhere Geschwindigkeit nötig.

Da beziehen wir einen durchschnittlich guten Skifahrer in unsere Überlegung ein: Ein wirklich Guter wird den Mangel an wünschenswerter Geschwindigkeit auch mit zusätzlicher Muskelkraft ersetzen können - was aber ein weit höheres Können verlangt (das aber der schüchterne Skifahrer nicht besitzt).

Die nötige Geschwindigkeit ist also eine hilfsbereite Kraft, die das Skifahren ohne besonderer Mühe leichter macht. Doch diese Hilfe darf kein Hindernis für das gute Gleichgewicht sein. Deswegen ist so wichtig, ja, es ist ein Muss, dass sich der Schüchterne Skifahrer langsam und systematisch auf die etwas höhere Geschwindigkeit vorbereitet. Immer nur ein bisschen schneller. Immer nur im Rahmen seiner steigenden Fähigkeiten.

Die allgemeinen Bewegungsgefühle

Überprüfen Sie sich selbst, ob Sie fühlen, was Sie während des Skifahrens tun. Die Frage heißt also nicht, ob Sie die technische Aufgabe bewusst ausführen, sondern ob Sie dies auch fühlen?

● Haben Sie während der Kurvenfahrt schon Mal die Länge des gezogenen Bogens mit dem Körper und den Beinen richtig gespürt?

● Fühlten Sie dabei eine leichte oder größere Muskelspannung in den Beinen? Wo? In dem Unterschenkel oder Oberschenkel oder überall?

● Können Sie mit ihrer Fußarbeit den einen oder den anderen Schwung beeinflussen, korrigieren oder sogar regulieren?

● Wenn ja, haben Sie eine klare Vorstellung, wie oder was Sie dabei gemacht haben?

● Ist für Sie der Kanteneinsatz eine einfache Sache, die Sie von dem Fußgelenk bis zum Rumpf vollkommen empfinden können?

● Brauchen Sie bei Ihrer Fahrweise viel Zeit, um die Skier genügend auf die Kanten zu stellen?

● Die obige Frage war oberflächlich gestellt - waren Sie sich dessen bewusst? (Man kann ja den Kantenansatz auf drei verschiedene Weisen ansetzen - wissen Sie welche drei das sind?)

● Die meisten Parallelfahrer kanten die Skier mit der Kniebewegung, denn das geschieht am schnellsten. Ihrer Erfahrung nach: Genügt das auf jedem Hang, auch im sehr harten und schon abgeschabtem Schnee?

● Wenn Sie die Bilder von Rennläufern und ihre eigene vergleichen: Sehen Sie den Unterschied, wie jene ihre Hüfte bis zum Schnee in die Kurve legen, um die Skier ganz auf die Kanten zu bringen? Können Sie jetzt verstehen, dass die Beschwerden, dass ihre Skier keinen guten Halt bieten, ungerecht sind?

● Möchten Sie nicht einmal ganz mit ihrem Körper in den Schwung hinein kippen und die Skier auf diese Weise ganz scharf auf die Kante neigen? Nur so werden sie den Unterschied, was ein richtiger Kanteneinsatz und was nur eine kaum nennenswerte Andeutung ist, erleben. Mit anderen Worten: Sie müssen die breite Spanne des Aufkantens erkennen und später nach dem Bedarf die notwendige Schärfe nach dem Gefühl auswählen.

● Falls Sie die extreme Neigung in das Schwunginnere schon einige Male gemacht haben, müssen Ihnen die weniger extremen und schon ganz gemessenen Kanteneinsätze sehr einfach und als vollkommen sicher vorkommen?

● Können Sie jetzt schon vorausbestimmen, mit welchem Kanteneinsatz Sie bei gegebener Fahrweise in einen bestimmten Schwung hineinfahren müssen?

● Sind Sie nach diesen Erfahrungen schon halbwegs überzeugt, dass ohne den richtigen Kantenansatz kein Ski auf dem harten und steilen Pisten einen guten Halt bieten kann? Es kommt oft (nicht immer) viel mehr auf den Skifahrer als auf die Skier an.

● Seien Sie bei Probefahrten mit ihren Körpergefühlen immer auf der Wacht, wie Sie das körperlich spüren könnten!

● Haben Sie sich schon daran gewöhnt, während der Fahrt ihre Grundstellung auf den Skiern ständig zu kontrollieren - falls es nötig ist - verbessern? Z.B. ihre Körperlage (Schwerpunkt) etwas nach vorne oder nach hinten zu verlegen?

● Haben Sie bei solcher Gewichtsverlegung eine Änderung in der Skiführung gemerkt?

● Haben Sie schon das Gefühl, wann die Kanten vorne etwas zu stark greifen oder was mit den vorderen und was mit hinteren Skiteilen geschieht, wenn Sie in die Rücklage geraten?

● Wo fühlen Sie in ihrem Körper eine Spannung oder einen

Druck, wenn Sie den Schwerpunkt ihres Körpers und die Knie nach vorne schieben?

● Wo fühlen Sie ein ähnliches Gefühl bei der Rücklage? In welchen Muskelgruppen oder Körperteilen?

● Können Sie jetzt schon ganz sanft den Kanteneinsatz stufenweise variieren und sich während einer Schrägfahrt damit spielen?

● Können Sie deutlich spüren, ob die Skier mit ihren Kanten über die ganze Länge gleichmäßig zugreifen - oder greifen sie auf einigen Teilen stärker oder weniger?

● Haben Sie die Durchbiegung des Ski während eines scharfen Schwunges schon empfunden? Oder haben Sie diese Durchbiegung in der Länge wenigstens schon bei den Anderen beobachtet?

● Richten Sie ihr Augenmerk darauf, wie die Skier oder der belastete Ski (falls Sie die alte Technik mit Gewichtverlagerung fahren) voll einschneiden oder nur teilweise einschneiden oder nur abrutschen?

● Falls sie abrutschen, wo rutscht der Ski stärker - hinten, unter den Füßen oder in der ganzen Länge? Versuchen Sie ganz feinfühlig zuerst den Kanteneinsatz zu regulieren und dann noch die beste Körperlage auszusuchen, damit die Skier gleichmäßig belastet werden und gleichmäßig zugreifen.

● Spüren Sie auch, wann das Abrutschen begann?

● Und noch etwas: Sind ihre Skischuhe seitlich steif genug und vorne weicher, damit Sie die Knien nach vorne senken können?

● Stellen Sie sich die Aufgabe, dass Sie sich selbst einmal von innen her, von ihrem Körperinneren heraus beobachten. Können Sie sich vorstellen, was Sie sehen? Wie steht dieser Mann oder diese Frau auf den Skiern? Sind die Beine und der Rücken in allen Gelenken und Wirbeln weich und biegsam?

● Versuchen Sie zuerst ganz steif zu sein und gleich danach wieder ganz weich zu sein. Probieren Sie aus, wie diese Gelenkfederung stufenweise funktioniert. Sind Sie sich bewusst, dass die Knie ihre Stoßdämpfer sind? Beobachten Sie sich mal bei der Arbeit - aber nicht mit den Augen; spüren Sie, ob ihre Gelenke verrostet sind oder ob sie prompt bei jedem Stoß ausgleichen?

● Was macht der Rücken? Ist er steif gestreckt, oder leicht und weich vorgebeugt, immer bereit, sich noch etwas tiefer zu beugen?

● Ebenso die Beine. Gehen Sie während der Fahrt mit dem ganzen Körper und den Beinen nur so tief hinunter, dass Sie in der Position sind, aus der Sie in alle Richtungen blitzschnell reagieren können.

● Schauen Sie nicht mit den Augen, sondern horchen Sie nur mit dem Körper und mit den Beinen zu. Welche Teile können Sie definieren, in denen Sie etwas empfunden haben? Wie würden sie diese Gefühle beschreiben?

● Erzählt Ihnen das Körpergefühl, wann der Schwung gut ausgeführt war? Und wenn dieses Gefühl nicht ganz zufrieden war, wisst ihr beiden, was verpfuscht war?

● Läuft mit dem Körper, Kopf und den Beinen dieses Gespräch ohne Worte dauernd?

● Fahren Sie aus dem einen Schwung in den anderen ohne eine Schrägfahrt dazwischen? Diese Pause nämlich, in der Sie sich für den kommenden Schwung in der Schrägfahrt vorbereiten, ist nämlich eine unangenehme Unterbrechung. Erstens, unterbrechen Sie den Schwungrhythmus, und zweitens versäumen Sie mit diesem Warten den kurzen Moment der Abstoßentlastung (oder, wenn es Ihnen lieber ist, die automatische Skientlastung, wenn der Kantengriff plötzlich nachlässt und sich die Skier entspannen und damit abstoßen.) Wenn Sie also ständig mit einer kleinen Zwischenschrägfahrt vom Schwung in den neuen Schwung fahren, dann machen Sie immer nur den ersten Schwung, bei denen ihnen kein Abstoß hilft. Der erste Schwung ist gerade deswegen immer der schwierigste Schwung, weil er keine vorausgehende Abstoßentlastung hat. Und so machen sie die ganze Zeit nur die schwierigsten Schwünge.

● Haben Sie überhaupt schon versucht ihre rhythmische Fahrt so zu ändern, dass Sie einen unregelmäßigen Schwungrhythmus einführen und Mal die Schwünge schneller oder langsamer, kürzer oder in langgezogener Kurven schneiden?

● Sind Sie fähig, am flachen Terrain während des Schwingens die Fahrt zu beschleunigen (mit dem Abstoß nach vorne), oder am steilem Hang mit vollkommenem Schwungausfahren die Geschwindigkeit zu reduzieren?

● Schauen Sie während der Fahrt weit voraus, wo die interessantesten Terrainformen auf Sie warten? Wer das nicht macht, fährt immer mit demselben Monotonschwüngen von oben bis unten.

● Achten Sie auf der Piste dauernd darauf, was die anderen Skifahrer tun? Für diese spielen auch die weit entfernten eine wichtige Rolle.

● Haben Sie schon das Gefühl, dass Sie diejenigen erkennen, auf die man besonders aufpassen muss, weil die so unberechenbar fahren, dass man nie ganz sicher sein kann, was sie unternehmen werden (plötzlich einbiegen, stehen bleiben, stürzen?)

● Blicken sie genügend und oft genug zurück, was von hinten kommt? Sind Sie sich bewusst, dass die Gefahr fast immer von hinten und von oben kommt?

Ein nicht besonders erfahrener Skifahrer weiß überhaupt nicht, dass er so vieles gleichzeitig zu registrieren hat.

Wer könnte da noch sagen, dass das Skifahren mit den Carvingskiern langweilig ist?

Mit der Angst im Hals gibt es kein gutes Skifahren

Jeder von uns kennt die Tage, wo alles von selbst läuft. Die Skier schwingen willig. Der Schnee ist wie ein Traum. Alles, was man schon unternimmt, gelingt.
Und da gibt's auch Tage, wo alles schief geht: Die Beine werden steif, die Sicht ist trüb, die Körperreaktionen versagen, vom guten timing keine Spur. Mit einem Wort, ein Jammer. Ein Wunder, wenn uns an solchen Tagen nichts zustößt.

Es gibt keine umfassende Antwort, warum es diese "Schlappen" gibt. Wir können nur den guten Rat unseren medizinischen Betreuer der slowenischen Nationalmannschaft betrachten: Skier abschnallen und sich möglichst schnell nach Hause oder ins Hotel begeben. Seiner Meinung nach wäre es sinnlos, das Training (oder Skifahren im allgemeinen) fortzusetzen, da sich damit die misslungenen Bewegungsschematas noch tiefer im Gehirn speichern.
Der angesehene Doktor der Psychiatrie schlägt also vor, man soll lieber aufhören. Er schickt seine Schützlinge kurzer Hand in das Schwimmbassin; das Wasser sei die bestpassende, neue Umgebung, in der sich der verstimmte Körper am schnellsten zurechtfindet!
Wer aber wegen der verlorengehenden Tageskarte weitermachen will, soll wenigstens keine anstrengenden Fahrten unternehmen. Das beste wäre, sich irgendwo am Rande in langsamer Fahrt mit verschiedenen technischen Übungen Spaß zu machen. Und auch das soll nur ein zeitvertreibenes Spiel und keine ernste Arbeit sein.

Dass jeder Skifahrer seine schlechte und gute Tage hat, davon überzeugen uns die Rennläufer. Manchmal ist jemand nicht zu besiegen; es ist egal, was die anderen unternehmen, er bleibt allen weit voraus. Und es geht auch umgekehrt so: Die größten Favoriten sind an manchen Tagen nicht zu erkennen, obwohl man sieht, wie sehr sie sich bemühen.
Und doch herrschen für alle dieselben äußeren Verhältnisse - für alle scheint die Sonne oder scheint nicht, das diffuse Licht ist über das Gelände zerstreut oder der Schnee ist spröde.
Da aber auch beim ungünstigen Wetter einige siegen und die anderen Verlierer bleiben, entscheidet offensichtlich doch die Tatsache, ob jemand seinen guten oder schlechten Tag hat. Was da im menschlichen Inneren vorgeht, das kann auch die Wissenschaft nur raten, kann verschiedene Thesen entwickeln, muss am Ende aber doch zugeben, dass es keine schlichte Antwort gibt.

Vielleicht ist sogar gut, dass es so ist. Wäre es nicht so, könnten die wissenschaftlichen Berater die Sieger selbst herstellen, sie hinauf karren und die Strecke hinunter schicken. Die Trainer könnten nur noch zuschauen, ob ihre Mannschaft skitechnisch und körperlich optimal vorbereitet ist.

Dass es zur Zeit keine 100-prozentig sichere Siegermethode gibt, beweist, dass die Toppform eine wunderbare und ganzheitliche Harmonie ist. Diese bewirkt in dem einen oder dem anderen - weiß der liebe Got warum - für eine Zeitlang eine so fantastischen Gleichklang, dass ihnen keiner nahe kommen kann. Es gibt zur Zeit kein Wunderrezept und keinen Toppexperten, die uns sagen könnten, in welcher Reihenfolge und in welchem Ausmaß die verschiedenen technischen, psychischen, physiologischen und wer weiß noch welche Komponenten zusammengefügt sein müssen, um eine höchste Harmonie zu erreichen.

Das ebengesagte gilt freilich auch für die gewöhnlichen Skifahrer - mit einer einzigen Zusatzbemerkung: die Toppform lässt sich für die Rekreativen noch weniger ausmessen.
Manchmal kann die Ursache eines schlechteren Skifahrens sehr "banal" sein: möglicherweise ist aus dem Bewegungsgedächtnis

ein einziges, aber gut eingeübtes und im Gehirn gespeichertes Bewegungsschema teilweise ausgefallen. Sie ist meistens nur für eine gewisse Zeit weg. Warum sie weg ist, weiß der Kuckuck.
Das haben die Wissenschaftler auch bei einigen Rennläufern empirisch festgestellt. Aber der rekreative Skifahrer kann seinen Skitag normalerweise - wenn sich nicht ganz verstimmt fühlt - doch in etwas weniger guten Form bis zur Ende der Betriebszeit irgendwo am Hang verbringen, wo er das schöne Panorama bewundert und die gute Luft schnappt, seine sportliche Leistungen aber vernachlässigt.

Nicht so selten kann aber der Grund noch banaler sein ("banal" in Klammern): die Angst. Die Angst wegen der schlechten Sicht. Die Angst vor dem steilen Hang. Die Angst vor der Geschwindigkeit, wegen der schlecht hergerichteten Piste... man könnte ähnliche Angstformen über eine ganze Seite aufzählen...

> **Dem Skifahrer muss nur das eine klar sein: Jetzt hat er den schlechtesten Mitfahrer bekommen, den es gibt.**

Man sollte diese Feststellung weder als Vorwurf noch als Beleidigung annehmen; aber diese Angst muss weg. Die Frage heißt nur: Wie? Auf welche Weise

Dr. Robert Kriegel beschreibt ein lustiges Beispiel aus seiner Skilehrerpraxis:
Mit seinem Klienten, der steif von lauter Unbequemlichkeit war, standen die Beiden oberhalb eines buckeligen Steilhanges. Als erfahrener Skilehrer hat er freilich nicht erwähnt, dass sie hinunterfahren werden. Statt den Erschrockenen mit irgendwelchen Worten zu ermuntern, fing er an die theoretische Frage zu erörteren, wieviel Grade der Hang zu steil sei. Er nahm seinen Skistock, hielt ihn in der Richtung der Hangneigung und dann studierten die beiden die Stockneigung. "Eigentlich ist der Hang überhaupt nicht so steil, als er wirkt," wunderte sich sein Klient, "so etwas haben wir schon öfter befahren." Danach bat ihn Kriegel, die Neigung des größten Buckels auszumessen. Als sie dann diese Neigung mit dem Stock vor ihnen einschätzten, schien auch diese nichts besonderes zu sein.
"Also gut," meinte Kriegel und kehrte langsam um, "wir werden die leichtere Strecke an der anderen Seite hinunterfahren."
Aber der Klient rührte sich nicht.
Da meinte sein Skilehrer, wieder ganz theoretisch: "Falls jemand

da hinunter fahren wollte, welchen Weg würden Sie ihm vorschlagen?"
"Ich, an seiner Stelle", sagte der und zeigte mit dem Stock, "ganz einfach, zuerst am rechten Rand, dann über den großen Buckel zur linken Seite, von dort weiter ist ja kein Problem..." Un schon ist er nach reahts gefahren, dann über den großen Buckel und weiter, wie er erzählt hat.
"Ach, das war super," lachte er breit, als die beiden unten stehenblieben und nach oben zurückschauten.
"Es war wirklich super" sagte auch Kriegel - nur dachte er nicht an die technische Fahrt, er meinte viel mehr die Art, wie sein Klient seine Angst uberwunden hatte.

Eine ähnliche Geschichte hat auch Timothy Gallwei geschildert: Auch er blieb oberhalb eines Hanges mit großen Buckeln stehen; mit ihm war eine größere Gruppe von "medium" Skifahrern.
Da fing er an, zuerst mit sich selbst zu reden, wie ungerecht die Leute seien, wenn sie über die Buckeln schimpften, bevor sie sich überhaupt überzeugen wollten, wie leicht es sei, gerade obenan auf jeden Buckel die Skier anzudrehen. Dort seien die Ski nur unter den Füßen belastet, alles andere, der vordere und der hintere Teil stehe ja frei in der Luft. "Wenn die Skifahrer freundlicher wären," meinte Timothy, "müssten sie sich bei jedem Buckel, der ihnen hilft die Skier zu drehen, herzlich für seine Hilfe bedanken.
Dann gab ein Wort das weitere Wort und noch ein weiteres und die Leute machten sich lustig über die unfreundlichen Skifahrer - bis plötzlich eine Lady auf den ersten Buckel auffährt, dreht und sich theatralisch bedankt: "Besten Dank, Herr Buckel. Es war wirklich sehr nett von ihnen!" Bald war die ganze Gruppe auf der Fahrt hinunter, lachend und sich laut und freundlich bei den Buckeln links und rechts bedankend... Wenn sie jemand gehört hätte, müsste er sich wohl denken - ein Haufen von lauter verrückten Leuten!

Aber sie hatten Spaß. Sie waren ja zum Spaß hinuntergefahren. Es hat sie keiner gejagt oder geschimpft. Sie lachten über sich selbst, über die anderen - und vor allem über die dumme Angst, da sich die Buckeln ja als richtige Gentlemen gezeigt hatten.

Horst Abraham erinnert sich gerne an eine Privatstunde in Vail: Auf einer Strecke von mittlerer Schwierigkeitblieb er mit einer zu Tode erschrockener Frau stehen. Sie hatte vor einigen Jahren eine schwere Verletzung erlitten und war jetzt zum ersten Male wieder auf dem Schnee. Aber der Schnee war diesesmal gut und weich, die Piste glatt hergerichtet, die Neigung fast ideal. Aber die verängstigte Frau traute sich nicht mehr zu bewegen. Was sollte er tun. Hinunter tragen konnte er sie nicht. Am Hang stehen lassen auch nicht.

Da fiel ihm eine dumme Idee ein. Er frag sie, welches Tier ihrer Meinung nach das aggressivste sei?

Ohne nachzudenken antwortete sie: "Der Gorilla!"

"Okay," nickte Horst zufrieden, "nun möchte ich jetzt hören, wie würde der Gorilla an ihrer Stelle seine Wut laut ausdrücken."

Da kam aus ihrer Kehle so ein wilder Schrei, der selbst dem Skilehrer Schrecken einjagte.

"Wunderbar," sagte Horst: "Jetzt fahren Sie hier vor mir einen Bogen, aber einen solchen, wie Sie sich vorstellen, dass ihn der Gorilla ausführen würde."

Sie stellte sich in eine drohende Position und machte einen Stemmschwung mit solcher Wucht, dass keinem Gorilla so etwas gelungen wäre.

"Ausgezeichnet," lachte Horst, stellte sich in eine ähnliche Position und machte auch einen Gorilla-Stemmschwung.

Sie lachte. Horst lachte.

Sie fuhren zusammen mit lauter Gorilla Schwüngen bis zum Boden. Die erstaunten Sesselliftfahrer über ihren Köpfen dachten wahrscheinlich, dass die beiden verrückt geworden sind.

Aber die ängstliche Frau hat von ihrer furchtbaren Angst Abschied genommen.

Bei allen drei Beispielen war das entscheidenste, dass der Skilehrer keinen Zwang ausgeübt hat, er keinen lächerlich gemacht und keinen getadelt hat. Er hat die ängstlichen Naturen bloß herausgefordert, sich ihrer Angst selbst zu widersetzen und sie selbst zu besiegen.

Der Psychologie sind zwei Angstarten wohl bekannt: Die häufigste ist die imaginäre Angst, bei welcher sich der Mensch bewusst ist, dass er verwundbar ist; zudem vertraut er nicht seiner Fähigkeit, sich wehren zu können. Damit überschätzt er offensichtlich die objektive Gefahr.

Eine solche Angst kriecht wie ein Mahr in die Knochen und Muskeln, lässt sich im Bauch und im Mund spüren, bis sie sich unter der Gehirnmembrane bequem ausgedehnt hat. Der von der Angst angegriffene Skifahrer fühlt sich zu jeder wirksamen Handlung unfähig.

Dass eine solche Angstform unproduktiv ist, die zu nichts motiviert, muss man nicht breit und weit diskutieren. Diese Angst warnt zwar den Skifahrer vor Gefahren im allgemeinen, sie macht ihn aber völlig unfähig, seine Kräfte zu sammeln und die Gefahr zu überwinden.

Die zweite Angstart ist tiefer und auch seltener: Sie tritt im Fall einer richtigen Gefahr auf. Da handelt es sich um kein hypothetisches Wenn und Aber, sondern die große Gefahr steht tatsächlich da. Und nun kann gerade das Gegenteil der imaginären Gefahr geschehen: Der Mensch beginnt im Sekundenbruchteil äußerst klar zu denken, die Zeit verlangsamt sich oder bleibt fast stehen, alle Gefühle verzehnfachen ihre Wahrnehmungen und sammeln gleichzeitig die psychischen und physiologischen Kräfte, die bei weitem die normalen alltäglichen Kräfte übersteigen. Dieser außergewöhnliche Zustand kann dann die Mobilmachung aller menschlichen Potentiale, von denen keiner ahnt, dass sie in ihm schlummern, auslösen.

Die beiden Angstformen unterscheiden sich also durch ihre diametrale Wirkung: die erste erschreckt und seztzt den Mensch außer Stand, sich zu helfen - während die andere den Mensch mobil macht und ihn befähigt für einen Durchbruch in kaum denkbaren Dimensionen.

Beim alltäglichen Skifahren haben wir meistens mit der Angst der ersten Kategorie zu tun, die sich mit einer klugen oder antrenierten Handlung beseitigen lässt. Die zweite, die viel ernstere Angstform tritt nur seltener auf. Wenn sie aber schon einmal vorkommt, dann ist es gut zu wissen, dass man damit nicht zum Nichtstun verurteilt ist. Es besteht fast immer eine Möglichkeit, wenn auch eine kleine, sich retten zu können. Man soll nie darauf verzichten. Im hohen Gebirge schon gar nicht.

Noch eine Angstsorte, die auf dem ersten Blick fast komisch wirkt, dann aber doch ziehmlich unangenehm sein kann, merkt man bei vielen Skifahrern - die Angst vor dem Misserfolg.

In der Skischule zeigt sich diese unglückliche Störung als eine unberechtige Verlegenheit. Meistens kommt sie vor, wenn ein verschämter Schüler vor der Reihe antreten muss und irgend etwas auszuführen hat (worin, so meint er, nicht ganz sicher sei). Vielleicht wird jemandem leichter, wenn ich ihm im Vertrauen sagen darf, dass mit dieser Verlegenheit keinesfalls nur die schlechteren Skifahrer Schwierigkeiten haben. Es sind auch in der Nationalmannschaft ähnliche Vorfälle schon vorgekommen: Ein ehemaliger Rennläufer hatte sich immer zurückgezogen, wenn man von ihm etwas Neues erwartet hat. Er wollte das zuerst ganz allein ausprobieren. Dann ist er wie zufällig zurückgekommen: "Habt ihr das so gemeint?"

Die Wurzeln für solche Verlegenheiten stecken in dem unberechtigten Gefühl, dass ein mißlungener Versuch lächerlich ist. Oder sogar für die guten Skifahrer eine Schande, die demütigt. Eine bekannte Pädagogin, Dušica Kunaver, hat uns unlängst ein schönes Beispiel geliefert: Für das einjährige Kind, das auf zwei Beinen zu stehen versucht und sich bewegen möchte, erzählte sie, ist jeder Sturz nur ein Sturz, bloß einer von den vielen auf dem Weg zum Gehen. Nichts anderes. Tut ihm der Sturz weh, wird es vielleicht kurz weinen, aber nicht aus Scham oder Beleidigtsein, sondern wegen des Schmerzes.
Auf die selbe Weise lernt das Kind auch die Sprache, die Rede. Es macht auch da keine "Fehler". Was es schon nicht richtig gesagt hat, ist kein Fehler, sondern bloß eine fortwährende Annäherung zur vollkommenen Sprache. Da gibt es keinen berechtigen Grund, um sich zu schämen.

Wenn wir auch beim Skifahrenunterricht jeden misslungenen Versuch nur als den Übergang von weniger erfolgreichen zum erfolgreicheren Versuchen verstehen könnten, dann gäbe es auch da keinen Grund, sich zu schämen.
Auch die besten Skifahrer wühlen manchmal mit der Nase wie ein Pistenbully im Schnee. Haben Sie schon mal einen Spitzenrennfahrer der Weltklasse gesehen, der sich wegen eines Sturzes geschämt hat? O ja, er konnte wütend mit dem Stock auf den Pistenboden hauen und sich über sich selbst ärgern, da er ohne Punkte geblieben ist - aber schämen? Nein, dafür sieht er keinen Grund.

Nur die eingebildeten Leute denken, wenn sie stürzen, müssten sie sofort laut und der ganzen Umgebung mitteilen, was für ein ungeheueres Unrecht ihnen geschehen sei. Da konnten wir schon so oft beobachten, wenn sich so ein Schöner unter der Lifttrasse im Paradestil den Zuschauern zeigte und dann ganz plötzlich purzelte. Dann wird die Schuld immer auf einen tückischen Stein, oder auf eine ganz versteckte Eisplate, oder auf was sonst noch geschoben - und das müssen alle Anwesenden auf der Stelle erfahren. Als ob das überhaupt jemanden interessierte.
Es kommt aber auch vor, wenn man nicht in bester Laune ist, oder

133

wenn die Sicht schlechter und schlechter wird, dass der Sturz nur eine wohlgemeinte Warnung anzusehen ist. Es ist eigentlich eine rechtzeitige Warnung, dass der Skifahrer in keiner guten Haut steckt. Man könnte auch sagen, dass der Sturz als letzte Mahnung vor Schlimmerem zu verstehen ist.

Es ist wohl tragisch, dass von da an, als die skifahrerische Öffentlichkeit zum esten Male mit der intuitiven Methode des Skifahrenlehrens bekannt gemacht wurde - oder sagen wir vorsichtiger: Sie hätte sich damit bekannt machen können, wenn sie daran interessiert gewesen wäre - dass seit dieser Zeit zwei Jahrzehnte vergangen sind.

Seither bereicherte die internationale Fachliteratur jährlich in unzähligen Ausgaben und in allen Sprachen (am ausgiebigsten in englischer) das fachliche Wissen. Die rein technischen Fragen der Fahrtechnik machen in dieser Menge nur einen winzig kleinen Teil aus. Denn, was kommt schon aus diesem Gebiet so neues monatlich in die Druckereien!

Auch im Rennsport stehen alle Beteiligten schon am Rande ihrer finanziellen, physischen, physiologischen Grenzen - und auch ihrer Zeitgrenzen. Alle Nationen sind an den 365 Tagen, die ihnen für die Vorbereitungen zur Verfügung stehen, in Pflicht genommen. Nur jedes vierte Jahr bekommen sie noch einen zusätzlichen Tag dazu. Das ist alles. Keiner bekommt weniger, keiner mehr. Geld haben die großen Nationen so viel, wie sie brauchen. Alle können so viele Trainer, Hilfstrainer, Gehilfen, Psychologen, Therapeuten und Fachleute als wissenschaftliche Berater aus aller Branchen auswählen, wie sie sie brauchen oder wie sie sich das wünschen. Die guten Trainer und die besten Rennläufer wissen schon längst, dass sie noch etwas mehr brauchen, als nur härter und mehr zu trainieren. Aber was soll schon dieses "mehr" sein?

Das alte Wissen reicht nicht mehr aus, um sie noch besser zu machen.

Da fängt das neu Now-how an. Und alle sind in aller Stille auf der Suche nach ihm.

Bloß im offiziellen Lehrwesen herrscht die ruhige Selbszufriedenheit weiter. Nur hier ist - wie die Skilehrerschaft meint - schon längst alles bekannt. Ich würde mich trauen zu sagen, dass diese Leute überhaupt nicht wissen, wie sich die Tonnen und Meter der Fachliteratur auf den Bücheregalen ständig ausbreiten und wie sich die verschiedenen Gebiete verflechten. Wie groß ist die Anzahl ganz ernster Leute, die überall auf der Welt intensiv damit beschäftigt sind, sich zu neuen Erkenntnissen durchzuwühlen. Wiele von dennen versuchen die Wege zu entdecken, auf welche Weise die noch unbekannten und bis jetzt nicht genügend ausgenützten physischen und psychologischen menschlichen Fähigkeiten zu aktivieren wären.

Die meisten von diesen Fähigkeiten liegen in unserem Unterbewusstsein.

Man versucht den Fortschritt gerade dort mit Hilfe des Unterbewusstseins zu erreichen, wo das alte Wissen nichts mehr anzubieten hat.

Wie könnte man einen gut eintrainierten Bewegungmechanismus, bei dem sich Einiges verschleiert oder zerstört hat, mit Hilfe von verschiedenen neuen Erkenntnissen wieder herzustellen?

Und schließlich: Man darf hoffen, dass auch für die gewöhnlichen Skifahrer von diesem reichbelegten Tisch einige Brösel abfallen werden.

Die Untersuchungen laufen in der Richtung, wie es möglich sein könnte, das Unterbewusstsein stärker zu aktivieren, vor allem durch die Freimachung der Bewegungssensoren, die zu schnelleren Bewegungsanpassungen führen müssten.

Der Amerikaner M.M. Mackenzie stützte sich dabei auf die 15- Jährige wissenschaftliche Arbeit des Mathematikers Richard Bandler und des Linguisten John Grinder. Die beiden hatten die Forschungen von drei berühmten Psychotherapeuten durchstudiert und die Grundlage für eine neue Psychotechnologie, NLP genannt (Neuro-linguistischesProgrammieren), festgelegt.

Mackenzie, der frühere Direktor der Sportabteilung an der Columbia University College war, bechauptete, dass am häufigsten für die Schwierigkeiten des Skifahrers (Straffheit, Ungeschicklichkeit u.s.w.) die aggressive Einmischung des "gescheiten" Teils des Gehirns schuldig sei, weil diese immer wieder in die Tätigkeit der rechten, für die Bewegungsbefehle zuständige Hemispäre eingreife und sie damit blockiere.

Dass eben die schlechteren Skifahrer (für die alles neu ist) am häufigsten mit verschiedenen Anweisungen überfordert sind, wissen wir schon aus eigener Erfahrungen. Diese Skifahrer sind buchstäblich mit Aufträgen überschüttet - an was sie denken müssen und was sie nicht tun dürfen, was sie unbedingt machen müssen, worauf sie aufpassen müssen, was sie nicht vergessen dürfen und was sie im Auge halten müssen u.s.w. Wie sollte sich bei all diesem Engagement der linken Hemisphäre eben der unterbewusste Bewegungsmechanismus der rechten Hemisphäre einschalten können, obwohl - da kommt diese ganze Absurdität auf die Oberfläche! - gerade er, als der einzig Zuständige und auch physiologisch ausgerüstete Teil tatsächlich fähig ist, alle diese Aufgaben ohne Panik durchzuführen.

Weil es so ist und auch so weiter bleibt - als ob alles in bester Ordnung wäre - überlassen sich die lernenden Skifahrer den Befehlen des furchtbar langsam arbeitenden linken Teils des Gehirns. Stolz und voll des eigenen Selbstvertrauens beansprucht die für sich, die führende Rolle zu spielen, wengleich, wie schon gesagt, sie nicht dafür befähigt ist.
Deswegen ist die erste Voraussetzung für eine gute Fahrt - oder für ein schnelleres Erlernen - die Ausschaltung aller Gedanken des Bewusstseins, die den Skifahrer vor allem lahm machen.
Da aber diese höchste Stufe (denken an nichts) nicht so leicht zu erreichen ist, raten die Psychotherapeuten zu dem Kompromiss: Nur an eine einzige Sache zu denken. Egal an welche. Sie können sich auch auf ihre Skispitzen oder auf den Hauch des Windes konzentrieren. Oder im Kopf einen kurzen Spruch wiederholen, einen klugen oder dummen, es ist egal. Wichtig soll nur das eine sein: dass nämlich der ganze Raum des Denkens besetzt und ausgefühlt ist.

Sobald dieser Zustand erreicht ist, leuchtet für die Sensoren des Unterbewusstseins die grüne Licht auf! Jetzt schalten sie sich ein und übernehmen das Komando.

Mackenzies These bechauptet, dass im motorischen Gedächtnis eines Skifahrers alle schon befahrenen Bewegungs-Schematas aufbewahrt sind. Der Skifahrer, der oberhalb eines Hanges steht und hinunterguckt, weiß gar nichts von dem, wie blitzschnell die schon befahrenen und eingespeicherten Schematas vorbei laufen und wie sie die am besten passende Lösung suchen und wie sich überdeckende kombinieren. Da aber der Schnee, die Sicht, die Temperatur, die Terrainformen und alles andere nie ganz identisch

Es stimmt alles, doch fehlt das Wichtigste: die Ungebundenheit. Es ist besser eine einfachere Technik zu benutzen und vielleicht auf einem niedrigeren Niveau lockerer zu bleiben.

Wer es kann und die Bewegung geniess, macht alles richtig.

ist, müssen sich die alten Bewegungsschematas mit nichtvorstellbarer Geschwindigkeit eines Computers immer aufs Neue ergänzen mit den neusten Informationen. Auf Grund dieser Neuinformationen und Neukombinationen sendet dann das Gehirn die Befehle nach unten, in die Hände, in die Füße und in den ganzen Körper - und erhält mit derselben Computergeschwindigkeit die Antworten mit den letzten Ergänzungen. Freilich ist auch dieses Schema nicht entgültig fertig, solange die Fahrt nicht beendet ist.

Das, was bei diesem Vorgehen am meisten frappiert, ist die unvorstellbare Geschwindigkeit mit der sich die Informationen von unten und die Schätzungen und Korrekturen von oben nach unten austauschen!
Für jede von dieser Komunikationen benötigt das Nervensystem des Unterbewusstseins nur einige NANOSEKUNDEN - was die Zeit von einigen MILLIARDENSTEL von der Sekunde darstellt!

Es ist gut, dass der Skifahrer von dem Ganzen, was in seinem Unterbewusstsein mit astronomischer Geschwindigkeit hin und herläuft, keine Ahnung und auch keine Vorstellung hat. Sonst würde sich - wie in schon geschriebener Fabel die Bandassel - auch er höchstwahrscheinlich auf den Boden werfen und alle Viere von sich strecken.

Wenn man nur ein kleines Teil dieser Forschungen, die über das Unterbewusststsein und seine fantastische Komunikationsfähigkeit im Gange sind, mit der bisher priviligierten, aber furchtbar langsamen "gescheiten" linken Hemisphäre vergleicht, kann man überhaupt nicht begreifen, wie dramatisch sich diese Auseinandersetzung auf die klassische Weise des Skifahrens auswirkt - wo sich die Befehle doch milliardenmale langsamer in dem Sekunde-oder-sogar-mehreren-Sekundentempo austauschen - dann wird sich so mancher Skilehrer, der noch immer an seinem alten, anscheinend so gründlich ausgearbeiteten Lehrprogramm hängt, im seinen Inneren wohl zugestehen müssen, dass wir mit unserer praktischen Arbeit im Skilehrwesen noch immer im Steinzeitalter leben...

Das Schlußwort

Es ist irgenwie üblich, dass einen unbekannten Autor jemand mit ein Paar netten Worten vorstellt. Mir war es deswegen immer peinlich. Die guten Leute haben sich wegen mir irgend etwas Schönes ausdenken müssen.

Als ich diesen Text einem Freund zu lesen gab, war er entsetzt:"Häretische Gedanken eines alten Skilehrers (so hieß der ursprüngliche Untertitel)! Ja, wer wird so etwas überhaupt noch lesen?" Er schlug vor, statt alten lieber das Wort einen langjährigen zu benutzen. Na gut, mir war's egal.

Aber jetzt, wo alles für die Druckerei bereit auf dem Tisch liegt, ist mir wegen dieser "Ausbesserung" richtig peinlich geworden: Vielleicht sollte ich doch schon etwas früher abhauen müssen, bevor man sich wegen seiner Jahren zu schämen muss? frage ich mich.

Als ich sechszehn war, waren die Zeiten so verwirrt, dass ich dachte, ein besonderes Glück zu haben, um siebzehn erreichen zu können.

Nun ist das irgendwie falsch, 72 zu haben.
Mag sein.
Aber mit 72 hat man wenigstens das Recht, sich alt zu nennen. Freilich heißt das nicht, mit dieser Antiquität klüger zu werden.

Denn ich fühle mich weder klug noch alt. Für mich war 70 nicht zu alt, um 40 Meter tief in eine Gletscherspalte zu stürzen - und zu überleben. Viele Jüngere schaffen das zweite eben nicht,

Und schließlich: Gibt es überhaupt eine Altersgrenze, die den Menschen gegen Dummheit immun machen kann? Ich glaube nicht.

Denn ich handelte in meinem Leben, o Gott, so viele Male dumm. War es gescheit sechs Jahre die Arhitektur zu studieren, um dann Karikaturist und Journalist zu werden? Ich glaube nicht.
Ich baute selbst mein Haus, was vielleicht das Vernünftigste in meinem Leben war. Und ich machte schon vor 40 Jahren den staatlich geprüften Skilehrer und Alpintrainer. Sieben Jahre leitete ich meine eigene Skischule in den USA. Meine Frau, die mit großer Geduld die ganze Zeit zuschaute, wieviel Unvernünftiges ich schon gemacht habe, ist der Meinung, dass meine größte Dummheit diejenigen zehn Jahre waren, die ich als Präsident des slowenischen Skilehrerverbandes verbrachte. Mag schon sein. Denn die Präsidenten sollen präsidieren. Und nicht als blöde Amateure bloß arbeiten.

Aber, was soll das schon. Auch das Bücherschreiben ist eine Art Dummheit, da es immer weniger Leute gibt, die noch lesen.

Zum Glück - auf den Dummen ruht ja immer ein Segen - bin ich noch heute in das Skifahren glücklich verliebt.

Skiers at Bloke, drawn by Maksim Gaspari after the description in the chronicles »Die Ehre des Herzogtums Crain« by Baron J. W. Valvasor (1698).

... auch als Freizeit und Vergnügungsfahrer

Ich gebe gerne zu: Es ist bestimmt kein Zeichen einer guten Vernunft, wenn ein Individuum oder ein ganzes Volk auf etwas stolz sind, wozu die beiden nichts dazu beigetragen haben, weil alles schon die Vorgänger gemacht hatten.

Man könnte auch die einstigen Skifahrer von Bloke aus dieser Sicht betrachten. Aber da gibt es einige Milderungsumstände: Sie waren eine so seltsame Erscheinung, dass sie mit Recht ganz besondere Aufmerksamkeit verdienen.

Wenn Sie bedenken, dass diese skifahrerische Tradition auf der Hochebene Bloke (30 Kilometer südlich von Ljubljana) wenigstens 200 Jahre früher, bevor in dem heutigen Alpenländerparadies die ersten Skispuren gezogen wurden, schon festen Fuß gefaßt hat, dann sind die skifahrerischen Geschicklichkeiten dortiger Bauern für die Skigeschichte eine Attraktion ohne Beispiel.

Laut der authentischen Beschreibung aus dem Jahr 1689 (J.W. Walvasor, "Die Ehre des Herzogtums Crain) klingt es für das historische Ohr ganz unglaublich, mit welcher skitechnischen Geschicklichkeit haben sich die dortigen Bauern in einem Zeitalter etabliert und sich sozusagen in eine Ära hineingeschmuggelt haben, in die mit ihren skifahrerischen Kenntnissen und soziologischen Ansichten gar nicht hineinpassten.

Die Skifahrer von Bloke haben sich nämlich schon vor 300 Jahren auf die steilsten Hänge begeben und sind von dort "mit unglaublicher Geschwindigkeit", die "jede Vorstellung übersteigt" - so der schriftliche Bericht - hinuntergefahren. Sie haben sich auch sehr geschickt zwischen den Bäumen und "anderen Hindernissen auf ihrem Weg ins Tal gewendet, sich gekrümmt und schlangenartig gekurvt"...

Na, bitte.
Aber damit sind wir mit den Überraschungen, die sie uns bereitet haben, noch nicht fertig. Verblüffend sind die Details: So haben sich von der großen Welt abgeschnittene Bewohner einer verlassenen Hochebene genau 200 Jahre vor dem berühmten Mathias Zdarsky einige seiner späteren Erfindungen ausgeborgt.

So fuhren sie die Skier der selben Länge (180zm und kürzere). Sie verwendeten nur einen langen, kräftigen Stock, auf den sie sich während des Kurven reichlich unterstützt haben, und sie beherrschten eine ganz eigenartige Kurventechnik.

Diese Skitechnik hat Baron Jochan Weichard Walvasor, Polyhistoriker und Mitglied des englischen Royal Clubs Anno Domini 1689 mit folgenden Worten geschildert:

> "Sie sind in der Lage, jeden Augenblick allem auszuweichen, was ihnen auf dem Wege lag, soll das ein Baum, Felsen oder was schon sonst sein. Kein Berg war ihnen zu hoch, keiner mit den Bäumen so dicht bewachsen, dass sie nicht auf diese weise durchkamen. Denn, wo schon ein Hindernis auftauchte, überall waren sie fähig mit ihrer Fahrt auf die schlangenartige Weise zu kurven und zu wenden..."

Diese Berichterstattung ist keine selbstgefällige Prahlerei. Sie ist nur ein Ausschnitt aus den historisch-topographischen-Beschreibungenen, die Walvasor im Untertitel auch als "Wahre, gründliche und recht eigentliche Belege" nannte, die er "Durch selbsteigene Erkündigung, Untersuchung und Erfahrung" in seinen vier Büchern gesammelt hat.

Das sind die Fakten

Die vier Bücher "Die Ehre des Herzogtums Crain" wurden in deutscher Sprache geschrieben und sind in vielen Bibliotheken erhältlich. Sie wurden auch übersetzt und sind eine Berühmheit ihrer Zeit geworden.
Die Tatsache sind auch die alten Skier von Bloke, in einigen ethnograpfischen Museen aufbewahrt.
Und Tatsache ist auch, dass die Hochebene Bloke (600 bis 860 Meter Meereshöhe) mit all ihren Dörfern und Einwohnern, in denen die Erinnerung auf die alte Skitradition weiterlebt.

Eine weniger erfreuliche Tatsache sind die historischen Bedingungen, die dem Skifahren am Bloke die autochtone Grenze gezogen haben. Abgeriegelt von den Verkehrsadern und im Winter monatelang tief verschneit in ihre Einsamkeit, konnten die Skifahrer von Bloke zwar ihre freie Entwicklung geniessen, doch konnten sie deswegen gar keinen Einfluß auf das Entstehen des Skifahrens in Mittel und Westeuropa ausüben. Auch die eigenartige Skitechnik (schlangenartiges Kurven) blieb ohne jeglichen Einfluß auf die historische Entwicklung der Skitechnik. Leider.

Eigentlich noch schlimmer: Die skifahrerische Welt hat erst vor einigen Jahrzehnten die erste Notizien über die Skifahrer von Bloke bekommen. Bis dorthin exsistieren sie für den Rest der modernen Skiwelt überhaupt nicht. Die skifahrerische Vergangenheit von Bloke war so einige Jahrhunderte nur in Slowenien bekannt. Hier setzten sich die alten Geschichten und die alte Tradition nur mündlich von einer bis zu der nächsten Generation fort.
Mit Sichercheit kann man auch sagen, dass diese alte Skitradition nicht erst zur Ehre des angesehenen Besuch des Polyhistors Walvasor im Jahre 1689 stattgefunden hat. Sie musste sich mindestens schon Jahrzehte oder sogar Jahrhunderte früher entwickeln - also vielleicht vor 400 oder 500 Jahren.

Freilich wollte keiner diese, von Verkehrswegen abgeschnittenen Bauern mit den 5,5 tausend Jahre alten skandinavischen und nordsibirischen Pietroglifen und Skibefunden vergleichen. Trotzdem überrascht, dass sie sich so weit am europäischen Süden eine völlig autochtone Skitradition entwickelt hat, die der allgemeinen Skigeschichte dieser Zeit weit vorausgegangen war. Einige späteren Notizen bestätigen nur ihre weitere Existenz.. Erst

Dr. Orel, Direktor des Ethnografischen Museums in Ljubljana hat das skifarerische Phänomen von Bloke gründlich untersucht. So haben wir heute die schönsten Skiexemplare im den Museen und wissen, das der Ski von Bloke keinen seitlichen Bogen hat, er war ca 15 cm breit und meistens nicht länger als 1,4 bis 1,6 Meter (ausnahmsweise bis 1,8 Meter), wenn man nicht die kürzeren Skier für die Kinder und Frauen in Betrachtung nimmt. In der Mitte hatte der Ski nur eine Lederschlinge, manchmal auch nur aus der Weidenrute geflechtete. Die Skier hat jeder Bauer selbst für seine Familie zuhause ausgefertigt. Für die Skikrümmung vorne hat im Sommer eine einfache Spannung hinter dem Schornstein am Hausdach gesorgt (und die Sonne).

Man darf den Grundzweck dieser Skier nicht verschleiern: Sie dienten im hohem Schnee als das einzige Verkehrsmittel, um von Dorf zu Dorf oder zur Kirche zu kommen. In dieser Notwendigkeit, die für alle Einwohner gilt, steckt auch das soziologiesche Wunder, dem, meiner Meinung nach, viel zu wenig Aufmerksamkeit gewidmet wurde:

Nämlich: Die Frauen, Mütter und Mädchen waren auf den Skiern zwangsweise gleichberechtigt. Wahrscheinlich durften sie deswegens auch am Feier-und-Sontagen beim Skispaß an den nahen Hängen teilnehmen. Es wurde in der Freizeit allmählich eine richtig rekreative Sporttätigkeit heimisch, an der die ganze Familie teilnahm, Väter und Mütter, Söhne und Töchter.

Dass der Mut der Jugendlichen auch zu einfachen Wettkämpfen führte, ist auch nur logisch; zwar noch ohne Messuhr, aber doch: Wer läuft schneller?...Wer wird schneller unten sien?...Oder, wer traut sich höher auf den Berg hinaufzusteigen...Im wesentlichen doch eine Art von Überprüfung der sportlichen Leistungen, um den anderen zu zeigen, wer besser ist.

Die beiden Aspekte - so der soziologische, wie auch der sportliche oder besser gesagt der freizeitlich-rekreative waren bei allen bisherigen Untersuchungen - und sind noch immer - bei weitem unterschätzt, fast übersehen. Die Rolle einer Hausfrau und Mutter war in dieser Zeit unten in den Städten weitgehend beschränkt; dort wäre es höchst unanständig gewesen, wenn eine Mutter auf den zwei Brettern den Hang hinuntergefahren wäre - und dies sogar in Anwesenheit ihrer Kinder...Im Gegeteil war dies oben auf der Hochebene nur ein lustiges und sehr natürliches Vergnügen, das keiner als eine Schande verstanden hat.

Über die damalige Skitechnik beim Skidrehen und Wenden während der Fahrt an den steilen Hängen haben wir keine genauere fachliche Beschreibung. Deswegen muss man manchmal bei gelegentlichen Vorführungen dieser alten Skitradition fast weinen, wenn die Nachahmer in altertümlichen Anzügen mit den Telemarkschwüngen hinunterfahren. Der alte Ski von Bloke hatte ja keinen seitlichen Bogen, der die Skier in den Schwung führen könnte; außerdem hatten die Skier auch keine feste Bindung, die für das Aufkanten nötig wäre. Auch vom Pflugbogen kann aus demselben Grund keine Rede sein.

Das einzig mögliche war es mit dieser Art Skier - wenn wir Walvasors Beschreibung buchstäblich zur Kenntnis nehmen - nur so zu fahren, wie Walvasor es uns schilderte: Der Skifahrer stand aufrecht und er stüzte sich mit voller Kraft auf den dicken Stock, den er auf der Innenseite in den Schnee gerammt hatte und wodurch er in eine starke Rückneigung zurückgezogen wurde. Dadurch waren hauptsächlich nur die hinteren Teilen der beiden Skier belastet. Im Moment, da er wenden wollte, brauchte er nur die völlig unbelasteten vorderen Skiteile mit den beiden Füßen in die neue Richtung parallel zu drücken und gleichzeitig auch den dicken Stock hochzuziehen, diesen schnell auf der anderer Seite in den Schnee einzusetzen, hinter dem Innenfuß, und sich mit voller Kraft auf ihn zu stützen. Der dicke Stock und seine sichere Unterstützung auf der Innenseite der Kurve leisteten die Hauptarbeit. Die unbelasteten vorderen Teile der beiden Skier waren nur als ein einfaches Lenkrad, das sich beim Wenden von hinten her in die neue Richtung schieben liess. Die Skier konnten nicht anders als flach gleiten, und nicht anders gedreht werden als parallel und in offener Skistellung.

Alle Interpretationen vom Telemarkschwung her bis zu aufrechter Körperposition sind künstlich. In dieser Position kann nur ein erfahrener Demonstrator auch ohne feste Bindung die Skier steuern und auf die seitliche Stockunterstützung pfeifen, weil er auch ohne Stockunterstützung sein Gleichgewicht nicht verlieren kann, ganz egal, wie er mit dem Stock umgeht und ihn mehr oder weniger nur historischer Glaubwürdigkeit zuliebe mitführt - alle solche Paradefahrten kommen mir als viel zu durchsichtige Fehlimitationen vor.

Die bis heute ungelöste Frage, woher das Skifahren und die Skier nach Bloke gekommen sind, weiß man noch heute nicht. Eine nach der anderen wurden die vielen Hypothesen mit den Gegenbeweisen niedergelegt (z.B., dass ein Wanderer ein Paar Skier aus dem dreißigjährigen Krieg oder aus dem fernen Norden gebracht hat, dass sie irgendwie aus Russland hergekommen sind, dass ein Augenzeuge nur die Beschreibung geschildert hatte, die dann die Bauern eigenwillig veränderten, u.s.w.). Es scheint die glaubwürdigste Antwort die Vermutung, dass die Skier oder bloß die Erinnerung an sie samt der neuen Ansiedler während der großen Völkerumzuges noch aus ihrer alten Heimat hinter den Karpaten mitgebracht haben und sie in der neuen Heimat wegen den harten Winter wieder belebt und benutzt haben.

Unglücklicherweise sind die meisten Originalskier von Bloke heutzutage nur noch in den Ethnographischen Museen zu finden, da die italienische Okuppationsmacht im Kriegsjahr 1942 alle Skier in Slowenien konfiszierte. Auch die uralten Skier von Bloke. Einige Bauern haben ihre alten Skier aus Angst schon vor den Hausdurchsuchungen lieber in den Öfen verheizt.

So sind die autochtonen Skifahrer von Bloke heute nur noch eine Erinnerung. Es kommen uns vor wie eine Lichtschnuppe im Dunkel der Zeit. Ein heller Sternsplitter, der aber im Herzen vielen Slowenen noch immer glüht. Als ein Lichtlein für die harten und kalten Wintertage, wenn sich die Leute klein und einsam fühlen.

Vielleicht hat auch diese historische Tradition mitgeholfen, dass bei uns so viele Leute noch heute so gern betonen, dass unser "Nationalsport Nummer eins" das Skifahren ist. Vielleicht reden sie auch deswegen so, weil in den beiden früheren Staaten, bei denen die Slowenen nur Untermieter waren, der Eindruck gezüchtet wurde, dass unser Nationalsport No. 1 von der Zentralregierung in Belgrad beabsichtlich gebremst wurde.

Es soll stimmen oder nicht, so ist doch unbestritten, dass vor zehn Jahren das kleine Slowenien mit weniger als zwei Millionen Einwohnern über 300.000 Skifahrer und 5.500 staatlich geprüfte Skilehrer und Lehrwarte hatte. "Wir sind keine Skigroßmacht," sagte öfter der Direktor unserer Alpinrennmannschaften, Tone Vogrinec, "doch wir bewegen uns trotz allem immer ganz oben und greifen nach Medaillen."

Was kann man da tun, wenn das Volk darauf doch einbisschen stolz ist?

142

Aber um ihm gegenüber nicht all zu ungerecht zu sein, muss doch gesagt werden, dass die Slowenen bei der ganzen Entwicklung des sportlichen Skifahrens in Europa dabei waren, dass auch in Slowenien schon 1886 die ersten Norwegischen Telemarkskier bestellt wurden, dass eine ganz respektable Zahl unserer Leute in den ersten Skikursen bei Mathias Zdarsky und später bei Hannes Schneider teilnahmen und schließlich gleichzeitig wie in anderen Alpenländern um die Jahrhundertwende auch in Slowenien die Skiklubs und Skivereine gegründet wurden.

Wenn man noch dazu sagt, dass die slowenischen Skienthusiasten schon 1934 die größte Sprungschanze der Welt in Planica gebaut haben, wo zwei Jahre später der erste Mensch die Traumarke von 100 Meter übersprungen hat (genauer 101,5 Meter, der Österreicher Joseph Bradl, 1936), und dass einige Jahrzehnte später ein ganzer Schwarm wieder zum erstem Male gerade auf der neuen Flugschanze in Planica über die magische Grenze von 200 Meter mit fast absoluter Sicherheit flog, dann konnten auch die heimischen Konstrukteure ganz zufrieden sein.

Es wird dann auch verständlicher, dass ein durchschnittlicher Slowene leichter verzeiht, wenn ihm jemand sagt, er sei dumm und egozentrisch, als wenn man ihm sagen würde, dass er vom Skifahren keine Ahnung hat

adventure

alpina®